8:F
0513

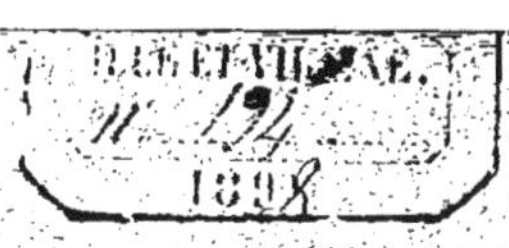

UNIVERSITÉ DE RENNES

FACULTÉ DE DROIT

THÈSE DE DOCTORAT

LE

RÉGIME DES ALIÉNÉS

ET LA

LIBERTÉ INDIVIDUELLE

Thèse présentée et soutenue le 4 juillet 1898

Par M. A. PORET

AVOCAT A LA COUR D'APPEL DE RENNES

EXAMINATEURS :

MM. DE CAQUERAY, FETTU, GRANDMOULIN.

TYPOGRAPHIE OBERTHUR, A RENNES

1898

R.F.

THÈSE POUR LE DOCTORAT

8 F
10518

UNIVERSITÉ DE RENNES

FACULTÉ DE DROIT

THÈSE DE DOCTORAT

LE

RÉGIME DES ALIÉNÉS

ET LA

LIBERTÉ INDIVIDUELLE

Thèse présentée et soutenue le 4 juillet 1898

Par M. A. PORET

AVOCAT A LA COUR D'APPEL DE RENNES

EXAMINATEURS :

MM. DE CAQUERAY, FETTU, GRANDMOULIN

TYPOGRAPHIE OBERTHUR, A RENNES

1898

BIBLIOGRAPHIE

Annales médico-psychologiques.

Annuaire de législation étrangère.

BRIAND et CHAUDÉ. Manuel de médecine légale. Paris 1869.

ESQUIROL......... Examen du projet de loi sur les aliénés. Paris, 1838.

FODÉRÉ......... Traité du délire. Paris, 1817.

Dr BONNET....... L'aliéné.

Dr FOVILLE fils... Les aliénés. Paris, 1870. — Étude comparative sur les législations étrangères en ce qui concerne les aliénés traités à domicile. Paris, 1884. — La législation relative aux aliénés en Angleterre et en Écosse. Paris, 1885.

RICHET .... Les démoniaques d'autrefois (Revue des Deux-Mondes, 1880).

Victor DU BLED ... Les aliénés à l'étranger et en France (Revue des Deux-Mondes, 1886).

LEGRAND DU SAULLE Traité de médecine légale, 1874. — La folie devant les tribunaux. Paris, 1864.

PINEL .... Nosographie philosophique. Paris, 1808.

Dr CALMEIL....... De la folie depuis la renaissance des sciences en Europe.

DE CRISENOY ..... La loi et les aliénés.

Théophile ROUSSEL, sénateur....... Rapports à la commission du Sénat, 1884.

CONSEIL SUPÉRIEUR DE L'ASSISTANCE PUBLIQUE....... Projet de loi portant revision de la législation sur les aliénés, session de juin 1891.

LAURENT......... Principes de droit civil français. Paris et Bruxelles, 1872-1878.

Dalloz . . . . *Répertoire de jurisprudence* (verbo Aliéné).

Durieu et Roche. . *Répertoire de l'administration et de la comptabilité des établissements de bienfaisance.*

Huc . . . . *Des aliénés et de leur capacité civile.* Paris, 1869.

Paul Girard . . . . . *Revision de la loi sur les aliénés (Revue critique de législation et de jurisprudence).*

Fusier . . . . Thèse pour le doctorat. *Les aliénés ; capacité juridique et liberté individuelle.* Grenoble, 1886.

Austry . . . . Thèse pour le doctorat. *Condition de la personne physique des aliénés.* Toulouse, 1889.

Tanon . . . . *Étude critique de la loi du 30 juin 1838 sur les aliénés.* Paris, 1868.

Morellet . . . . *Des garanties à donner à la liberté individuelle au point de vue de la séquestration des aliénés inoffensifs* (Discours de rentrée prononcé devant la cour de Montpellier, le 4 novembre 1884).

Dr Dagonet . . . . . . *Des réformes à introduire dans la loi de juin 1838 et les asiles d'aliénés.* Paris, 1882.

Dr Falret . . . . *Des maladies mentales et des asiles d'aliénés.* Paris, 1864.

Léon Dayras . . . . . *Des mesures législatives à prendre à l'égard des aliénés dits criminels* (Discours de rentrée prononcé devant la Cour de Besançon, le 3 novembre 1881).

R. de Mouy . . . . . . Maître des requêtes au conseil d'état. *Le régime des aliénés devant le Parlement.* Paris, 1894.

INTRODUCTION

Les soins et la protection dont sont entourés aujourd'hui les malheureux privés de leur raison sont le résultat d'études et d'idées absolument modernes. Tout le monde, en effet, considère le fou comme un malade qu'il faut soigner et protéger contre lui-même. Cette pensée, universellement admise de nos jours dans toutes les classes de la société, paraît, comme toutes les idées justes, tellement simple, qu'on a peine à comprendre qu'elle ait si difficilement fait son chemin à travers les siècles.

La nature incompréhensible de l'affection dont souffre l'insensé devait nécessairement faire naître tout d'abord la pensée d'une intervention surnaturelle : aussi voyons-nous les premiers grands peuples du nord de l'Afrique considérer les aliénés comme soumis à la puissance d'un génie malfaisant, qui s'introduisait en eux et substituait sa propre personnalité à la leur. Enfermés dans des temples, ils étaient livrés aux prêtres et soumis à des pratiques religieuses d'une forme spéciale dont le but était de chasser l'esprit du mal[1].

Hippocrate, le célèbre médecin grec, semble avoir entrevu le premier le véritable caractère de la folie. Il plaçait le siège de la démence dans le cerveau et conseillait de traiter les aliénés à l'aide de l'ellébore.

(1) Pinel, *Nosographie philosophique.*

A Rome, nous trouvons d'assez nombreux textes relatifs aux aliénés, mais les mesures qu'ils édictent à l'égard de ces malheureux n'ont alors qu'un but, protéger la société contre les actes des insensés. Pour cela, le moyen était simple, on les enfermait dans les prisons[1].

Toutefois, dans le dernier état du droit romain, la situation des fous s'était sensiblement améliorée et le curateur qu'ils recevaient alors n'avait plus seulement des droits sur leur personne et leurs biens, il avait aussi des devoirs à leur égard[2].

Ce fut surtout au Moyen-Age que la situation des aliénés fut horrible ; Esquirol nous en trace ce désolant tableau : « On ne sait trop ce que devenaient autrefois les aliénés, il est vraisemblable qu'il en périssait un grand nombre. Les plus furieux étaient renfermés dans les cachots, les autres dans les couvents, dans les donjons, lorsqu'ils n'étaient point brûlés comme sorciers ou comme possédés du démon, les plus tranquilles erraient librement, abandonnés à la risée, aux injures ou à la vénération ridicule de leurs concitoyens[3]. »

A la fin du siècle dernier, la législation et les mœurs ne voyaient encore dans l'aliéné qu'un être dangereux et gênant pour la société ; on l'enchaînait comme un criminel, on le jetait sans pitié dans des cachots où il était privé d'air, de mouvement et parfois d'aliments. Le démens restait un être à part qu'on pouvait presque considérer comme hors la loi. Il était traité comme un corps sans âme, incapable de sentir la douleur ; c'est ainsi que, parlant d'un pauvre diable qui devint fou subitement, M*me de la

---

(1) Loi 13, Dig., liv. I, tit. 18.
(2) Loi 14, Dig., liv. I, tit. 18.
(3) Esquirol, *De l'aliénation mentale*, t. II, p. 436.

Guette écrit avec une placidité effrayante : « On fut obligé de le lier sur une charrette à bagages, et même on lui donna le fouet à plusieurs reprises, ce qui lui fit tout le bien du monde, étant un souverain remède pour ceux qui tiennent de la folie[1]. »

La Révolution fit peu pour les aliénés. Malgré les efforts de Pinel, le célèbre médecin de l'hôpital de Bicêtre, en 1792 ; le sort de ces malheureux ne s'était pas sensiblement amélioré. Esquirol, en 1818, à la veille de la loi qui nous régit, faisait, de l'état dans lequel se trouvaient encore à cette époque en France la grande majorité des aliénés, ce désolant tableau : « Je les ai vus, disait-il, nus, couverts de haillons, n'ayant que la paille pour se garantir de la froide humidité du pavé sur lequel ils sont étendus. Je les ai vus grossièrement nourris, privés d'air pour respirer, d'eau pour étancher leur soif et des choses les plus nécessaires à la vie. Je les ai vus livrés à de véritables geôliers, abandonnés à leur brutale surveillance. Je les ai vus dans des réduits étroits, sales, infects, sans air, sans lumière, enchaînés dans des antres où l'on craindrait de renfermer les bêtes féroces que le luxe des Gouvernements entretient à grands frais dans les capitales. Voilà ce que j'ai vu presque partout en France, voilà comment les aliénés sont traités presque partout en Europe[2]. »

La loi du 30 juin 1838, qu'on a appelée à juste titre le « Statut de réhabilitation des aliénés, » vint enfin modifier

---

(1) Victor du Bled, *Les aliénés à l'étranger et en France. Revue des Deux-Mondes*, année 1886, p. 128.

(2) Esquirol, *Des établissements consacrés aux aliénés en France et des moyens de les améliorer.* — Rapport présenté au Ministre de l'intérieur en 1818.

profondément cet état de choses. Elle éleva l'aliéné de la condition méprisée où il était tenu « à la dignité de malade, » et changea ses prisons d'autrefois en asiles de traitement. Elle s'efforça de lui offrir, dans ces maisons, avec un régime moral salutaire, des soins, une assistance, une organisation qu'il lui eût été difficile de trouver ailleurs. C'est là un grand titre que se sont acquis ses auteurs à la reconnaissance des amis de l'humanité !

De l'avis de tous, l'isolement dans un asile spécial est le meilleur moyen de favoriser le traitement et la guérison des aliénés, d'assurer la sécurité des citoyens et de rendre efficace la surveillance et le contrôle de l'administration. Le législateur de 1838 l'a compris : dans son article premier, la loi du 30 juin 1838 distingue deux espèces d'établissements destinés exclusivement au traitement de l'aliénation mentale : les établissements publics et les établissements privés : « Chaque département est tenu d'avoir un établissement public, spécialement destiné à recevoir et soigner les aliénés, ou de traiter à cet effet avec un établissement public ou privé, soit de ce département, soit d'un autre département. »

Aux termes de l'art. 2 de notre loi, les établissements publics sont placés sous la « direction » de l'autorité publique, qui peut ainsi en régler à son gré l'administration et le service médical même ; tandis que les établissements privés (art. 3 de la même loi) sont placés sous « sa surveillance » seulement. Les premiers offrent donc beaucoup plus de garanties. Aussi le législateur de 1838 voulait-il primitivement contraindre chaque département à avoir un asile public d'aliénés. Mais, pour certains d'entre eux, où les aliénés sont en très petit nombre, cette obligation eût été trop onéreuse et même eût été nuisible aux intérêts des aliénés, car l'expérience a de tout temps démontré que les grands établissements sont de beaucoup préférables aux petits, l'économie qu'ils réalisent leur permettant d'avoir des constructions mieux disposées, un personnel plus nombreux et mieux exercé, et des moyens thérapeutiques en plus grand nombre.

C'est pour toutes ces raisons que la loi de 1838, tout en obligeant le Conseil général à pourvoir au traitement des aliénés, le laisse cependant entièrement juge de la façon dont il doit procéder. Le département peut donc à son gré, ou bien construire un asile public d'aliénés, avec ses seules ressources, ou bien s'entendre avec un ou plusieurs départements voisins pour l'édifier à frais communs, ou enfin passer un traité, pour l'entretien de ses aliénés, avec un établissement public ou privé déjà existant : toutefois, lorsqu'il possède un asile, il ne saurait, par un refus de crédits, le supprimer sans le concours de l'autorité supérieure.

Les asiles publics d'aliénés, que la loi place, nous l'avons vu, sous la direction de l'autorité publique, ont à leur tête une commission de surveillance dont les décisions ne sont que des avis purement consultatifs, un directeur responsable nommé par le Ministre de l'intérieur et chargé de l'administration de l'établissement dont il est le chef, enfin un médecin qui a seul autorité pour diriger le régime physique et moral des aliénés. Mais souvent, en fait, ces deux fonctions de médecin et de directeur sont réunies sur la même tête.

Les asiles privés sont des établissements créés par des particuliers en vertu de l'autorisation préfectorale. Pour obtenir cette autorisation, le requérant doit justifier qu'il est majeur et jouit de ses droits civils, qu'il est de bonnes vie et mœurs, qu'il est docteur en médecine, sinon il doit faire agréer par le préfet un médecin chargé du service médical de l'asile. Il doit également justifier que son établissement est salubre, qu'il est propre à l'isolement des aliénés, qu'il possède un nombre suffisant de gardiens, qu'il réunit en un mot toutes les conditions de salubrité et de sécurité désirables pour mener à bien le traitement des aliénés. Ces conditions une fois remplies, le postulant doit encore verser, à la Caisse des dépôts et consignations, un cautionnement dont le montant est fixé par l'arrêté d'autorisation et qui est destiné à entretenir les pensionnaires dans le cas où, pour une cause quelconque, le service de l'établissement se trouverait suspendu.

L'autorité administrative conserve d'ailleurs un pouvoir discrétionnaire pour refuser l'autorisation d'ouvrir un établissement d'aliénés, même lorsque toutes les conditions exigées par la loi se trouvent réunies; elle peut également la retirer sans qu'aucun recours contentieux soit possible de la part de l'intéressé, dès que ce dernier a cessé de se conformer aux exigences de la loi.

Sous l'empire de la loi nouvelle, l'aliéné ne peut donc plus être emprisonné; ce n'est même que dans les cas d'extrême urgence que le fou furieux peut être reçu provisoirement dans une maison hospitalière non autorisée, en attendant son transfert dans un asile public ou privé.

Cette courte étude des établissements d'aliénés, tels qu'ils sont organisés et régis par la loi du 30 juin 1838, nous permet d'apprécier toute l'étendue du progrès ainsi réalisé dans le traitement des aliénés.

L'examen de cette loi dans son ensemble serait trop vaste pour les proportions que nous comptons donner à notre travail. Aussi, laissant de côté tout ce qui a trait à la capacité des aliénés et à l'administration de leurs biens, nous nous occuperons seulement, au cours de cette étude, des garanties consacrées par le législateur de 1838 à la sauvegarde de la liberté individuelle, au point de départ de la séquestration des aliénés.

Les règles à poser en cette matière sont fort délicates; car les droits de la société se trouvent en antagonisme absolu avec ceux du malade. Si, d'un côté, l'Etat doit mettre le fou dans l'impossibilité de nuire, il a, d'un autre côté, le devoir impérieux de respecter autant que possible sa liberté, et de le défendre contre les entreprises coupables d'héritiers cupides. Assurer l'ordre public et empêcher toute possibilité de séquestration arbitraire du fait de l'Etat ou des particuliers, sans pour cela retarder le prompt traitement du malade, tel doit être le but d'une loi sur les aliénés.

Ce but, le législateur de 1838 l'a-t-il complètement atteint? C'est la question que nous nous proposons maintenant d'examiner, en étudiant successivement les garanties qui ont été ou devraient être prises au moment du placement dans les asiles, pendant le séjour ou à la sortie.

CHAPITRE PREMIER

HISTORIQUE

——

1° Période antérieure à la loi du 30 juin 1838.

DROIT ROMAIN

Cette question de la sauvegarde de la liberté individuelle qui, avec nos idées modernes, se présente immédiatement à l'esprit dès qu'on s'occupe de la condition légale des aliénés, n'est jamais entrée en ligne de compte dans les mesures édictées par le législateur romain, soit à l'encontre, soit en faveur des personnes aliénées ou réputées telles. Tous les textes qui nous sont parvenus restent muets sur cette matière, il semble même qu'il n'y ait aucune expression latine susceptible de rendre cette idée. — A cela, d'ailleurs, rien d'étonnant! A Rome, comme chez tous les autres peuples anciens, le citoyen appartenait entièrement à l'Etat : « La cité, dit M. Fustel de Cou-
» langes, avait été fondée sur une religion et constituée
» comme une Eglise, de là son omnipotence et l'empire
» absolu qu'elle exerçait sur ses membres; dans une
» société établie sur de tels principes, la liberté individuelle
» ne pouvait pas exister [1]. »

(1) Fustel de Coulanges, *La cité antique.*

Aucun recours, aucun moyen de défense n'existait donc pour le malheureux que ses parents ou ses ennemis avaient réussi à faire passer pour fou. Tout dépendait de l'arbitraire du magistrat qui décidait, sans être soumis de ce chef à aucun contrôle, si les accès de violence de l'aliéné nécessitaient son internement. Ce magistrat devait bien, il est vrai, avant la nomination définitive du curateur, procéder à deux enquêtes; mais ce n'était nullement, comme on pourrait supposer, dans le but de veiller à ce qu'on ne puisse faire passer pour folle une personne qui ne le serait pas. La première de ces enquêtes avait un motif tout particulier, c'était de déjouer les tentatives des individus qui, parfois, paraît-il, simulaient la folie pour se soustraire aux charges publiques [1]. Quant à la seconde, elle était édictée pour permettre au magistrat de se rendre compte du degré d'honorabilité et de solvabilité du curateur futur de l'insensé, et cela seulement en vue de garantir les intérêts pécuniaires de ce dernier [2].

Quoi qu'il en soit, bien que la législation romaine, dans ses mesures édictées à l'égard des fous, se soit surtout inspirée du droit qu'a la société de se défendre contre les insensés, et n'ait tenu qu'un bien faible compte des devoirs qui incombent à tout Etat vis-à-vis de ceux qui ne peuvent se protéger eux-mêmes, il faut, cependant, reconnaître qu'elle était bien supérieure à l'ancienne législation française, et même à celle encore en vigueur au commencement de ce siècle.

---

(1) Loi 6, Dig., liv. XXVII, tit. 10.
(2) Loi 7, § 6, Code, liv. V, tit. 70.

ANCIEN DROIT

Dans l'ancien droit, et même jusqu'à la fin du XVIIIe siècle, la question de la liberté individuelle n'aurait su davantage entrer en ligne de compte dans les mesures édictées à l'égard des fous.

Au Moyen-Age, en effet, il n'existait en fait, on peut le dire, qu'un seul droit, le droit du plus fort. Quiconque déplaisait au seigneur était ou pendu ou plongé dans les cachots, sans qu'il fût besoin pour cela d'invoquer la folie. Plus tard, sous la royauté, une lettre de cachet suffisait pour interner à perpétuité, au Châtelet ou ailleurs, tout individu gênant, fou ou non.

Les quelques édits ayant trait aux aliénés à cette époque n'ont qu'un seul but, celui de garantir la société contre les actes de ces malheureux, et se bornent à prescrire leur internement dans les prisons.

Sur ce point un arbitraire absolu était laissé aux officiers de police chargés de maintenir l'ordre public :
« Ceux qui ont le malheur, nous dit des Essarts, d'être
» attaqués de folie, démence ou fureur, doivent être gardés
» par leurs parents, de manière que la tranquillité pu-
» blique ne soit pas troublée par ces infortunés. Lorsque
» les familles ne sont pas en état de payer une pension,
» les officiers chargés de veiller au maintien de l'ordre,
» doivent faire conduire ces sortes de malades dans les
» hôpitaux ou dans les autres endroits désignés pour les
» recevoir [1]. »

« Même en plein XVIIIe siècle, nous dit également

____

(1) Des Essarts, *Dictionnaire universel de police ;* verbo Folie.

M. du Bled, la constatation de la démence n'est entourée d'aucune garantie : point d'ordonnance du médecin, très rarement une ordonnance judiciaire, un ordre du roi, de l'intendant ou du maire, et, pour motiver cet ordre, il suffit que la famille le demande sans fournir d'explications ; parfois, cependant, outre la signature des parents, l'administration exige celle de quelques notables, du curé, une déclaration de notoriété. Comment de telles facilités, une confiance si aveugle n'auraient-elles pas tenté des personnes peu scrupuleuses, servi des calculs coupables ? « Il m'a été secrètement confié, écrit un subdélégué, que Mlle P... ne doit pas être regardée comme folle, et qu'elle est la victime d'une préférence que sa mère a pour ses autres enfants. » En 1766, un fonctionnaire fait une visite à la Tour-Chatimoine et en dresse procès-verbal : le premier individu qu'il rencontre est fou à lier, mais le second est un malheureux qui, un jour de fête et déjà ivre, a mis dans sa poche une tasse d'argent ; aussitôt dégrisé, il l'a rendue, et cependant il reste là depuis dix-sept ans... Plus loin, la femme D..., non insensée, et trois hommes non fous, détenus en vertu de lettres de cachet. Enfin, au plus profond de la prison, deux fous reconnus avec trois autres qui ne le sont pas : celui-ci a alarmé sa famille en mangeant du bois, un autre a été placé là provisoirement, « leurs parents les ont oubliés. » Sur vingt-deux personnes sequestrées, onze seulement sont de véritables démens, et, parmi ces derniers, plusieurs sans doute ne l'étaient pas qui le sont devenus [1]. »

---

[1] Victor du Bled, *Les aliénés à l'étranger et en France. Revue des Deux-Mondes*, 1886.

PÉRIODE RÉVOLUTIONNAIRE

La Révolution, on pouvait l'espérer, allait venir, enfin, modifier cet état de choses; malheureusement il n'en fut rien : après comme avant, l'aliéné demeure sous le régime de l'arbitraire, et les quelques articles de loi ou décrets de la période intermédiaire qui s'occupent incidemment des aliénés, sont bien loin de refléter les idées qui animaient les auteurs du grand mouvement médical et humanitaire qui se produisait à cette époque en faveur de la cause des aliénés.

La loi des 16-26 mars 1790 vint bien abolir les lettres de cachet et décider, dans son art. 9, que, dans un délai de trois mois, toutes les personnes détenues pour cause de démence seraient examinées par des médecins et interrogées par les procureurs, afin qu'elles soient mises en liberté ou envoyées dans des hôpitaux spéciaux pour y être soignées.

Mais, ainsi que le faisait remarquer M. le Ministre de l'intérieur, dans l'exposé des motifs de la loi de 1838 [1], ce n'était là qu'une disposition transitoire ayant pour objet la mise en liberté des personnes détenues sous prétexte de démence, en vertu de lettres de cachet, et cette loi n'édictait aucune formalité pour empêcher les séquestrations arbitraires de se reproduire à l'avenir.

Au point de vue de la sécurité publique, on continue à les assimiler aux animaux. La loi des 12-24 août 1790 confie à la vigilance de l'autorité communale le soin d' « obvier ou de remédier aux événements fâcheux qui pourraient

(1) Séance du 6 janvier 1837.

être occasionnés par les insensés ou les furieux laissés en liberté, par la divagation des animaux malfaisants ou féroces. » Et la loi des 19-22 juillet 1791 s'exprime en ces termes : « Ceux qui laisseront divaguer des insensés ou furieux, ou des animaux malfaisants ou féroces seront, indépendamment des réparations ou indemnités envers les parties lésées, condamnés à une amende qui ne pourra être au-dessous de quarante sous, ni excéder cinquante livres, et, si le fait est grave, à la détention de police municipale ; la peine sera double en cas de récidive. »

La loi du 24 vendémiaire an II (15 octobre 1793) confond les aliénés avec les criminels et ordonne leur dépôt dans des maisons de répression pour y être entretenus avec les deniers publics, s'ils sont sans fortune, ou en payant, s'ils ont des ressources. — Donc, pour l'internement d'un aliéné, aucune formalité n'est exigée par la loi : sur ce point, un pouvoir discrétionnaire est laissé soit à l'administration soit à la famille de l'insensé. On voit à quels abus un tel système pouvait conduire.

Toutefois, nous devons le reconnaître, l'autorité administrative chercha dans la pratique à suppléer autant que possible à l'insuffisance de cette législation. La lettre suivante du Ministre de la justice à celui de l'intérieur, en date du 15 thermidor an IX, fait foi de cette assertion : « ... Dans l'état actuel de la législation, disait le Ministre, je pense que l'autorité administrative, pour obvier aux événements fâcheux qui pourraient résulter de la liberté dont jouirait un insensé, est autorisée par l'art. 3 du titre XI de la loi du 24 août 1790, à le faire arrêter et à le placer provisoirement dans un dépôt de sûreté ; mais cette mesure, essentiellement provisoire, ne peut jamais dispenser de faire prononcer définitivement sur son état par les tribunaux; c'est à eux seuls qu'il appartient de déclarer par jugement la démence des individus qui en sont atteints, après les avoir interrogés et après avoir entendu des témoins et fait vérifier leur état par des officiers de santé. C'est au surplus à leurs parents ou au ministère public, à leur défaut, à provoquer ces jugements. L'art. 9 de la loi des 16-26 mars 1790 et les principes généraux doivent servir de règle à cet égard. Ainsi, lorsqu'un insensé a été provisoirement arrêté par l'autorité administrative, le tribunal du lieu de son domicile doit fixer son état, et c'est d'après le jugement rendu que l'autorité administrative le fait définitivement placer dans les maisons destinées aux insensés et furieux. Lorsqu'il n'y a pas eu nécessité de faire provisoirement arrêter la personne atteinte de folie, le tribunal doit, avant que cette mesure soit prise, rendre un jugement qui détermine et fixe son état. Si un individu déclaré fou par jugement recouvre sa raison, c'est au tribunal qui a rendu ce jugement à ordonner sa mise en liberté; dans aucun cas, l'autorité administrative ne peut en avoir le droit, à moins qu'il n'ait pas été prononcé par les tribunaux; mais, comme les insensés et furieux sont placés sous sa surveillance dans les maisons où ils sont détenus, elle peut, dans tous les cas, lorsqu'il lui paraît qu'ils ont recouvré la raison, provoquer cette mesure auprès du ministère public [1]. »

De cette lettre, il résulte que si l'autorité administrative avait le droit et le devoir d'arrêter et de détenir, dans les dépôts de sûreté, les aliénés qui troublaient l'ordre public, c'était là une mesure essentiellement provisoire; la séquestration d'un fou ne devenait définitive qu'après inter-

---

[1] Dalloz, *Répertoire*; v° Aliénés, n° 25.

vention du pouvoir judiciaire, et seulement une fois sa démence reconnue par jugement rendu contre lui, à la requête de sa famille ou de l'administration.

SYSTÈME DU CODE CIVIL

La promulgation du Code, on était du moins en droit de l'espérer, allait enfin venir apporter un peu de cohésion dans tout ce chaos législatif, et constituer pour les aliénés une législation générale et homogène, mais il n'en fut rien. Dans tout ce vaste monument législatif, on ne rencontre que quelques dispositions relatives aux aliénés. Le Code civil, par les art. 489 à 512 et le Code de procédure civile, par les art. 890 à 897, se bornent uniquement, en effet, à déterminer les formes, conditions et effets de l'interdiction et à consacrer le principe déjà appliqué, nous l'avons vu, dans la pratique, de l'intervention judiciaire dans le placement et la sortie des aliénés, en décidant que nul ne pourrait être retenu dans un asile d'aliénés s'il n'avait été préalablement interdit. — Ce système de l'interdiction préalable présentait certains avantages, mais il avait, en revanche, de nombreux inconvénients : « Le système du Code civil, dit M. Laurent, ne sauvegarde pleinement que les intérêts pécuniaires de l'aliéné interdit, et c'est l'objet que les auteurs du Code ont eu surtout en vue ; sous tous les autres rapports, le régime de l'interdiction est très défectueux, cependant ces autres intérêts sont les plus importants[1]. »

Ce système en effet n'assurait pas plus l'ordre public qu'il ne sauvegardait la liberté individuelle et ne servait

(1) Laurent, *Principes de droit civil français,* 2ᵉ édition, t. V, p. 479.

les intérêts de l'aliéné. L'interdiction, et par suite la séquestration, ne pouvant être obtenue que dans le cas où le fou majeur était dans un état habituel de fureur, de démence ou d'imbécillité, il en résultait qu'en présence d'un aliéné mineur ou d'un individu pris subitement d'un accès de folie. l'autorité administrative se trouvait désarmée. D'autre part, même au cas où l'interdiction était possible, les longueurs de cette procédure empêchaient que l'aliéné fût séquestré en temps utile et diminuaient par là même les chances de guérison. Si c'était la famille de l'aliéné qui voulait prendre l'initiative du placement, les frais qu'entraînait la procédure en interdiction et la publicité donnée au jugement, l'arrêtaient le plus souvent. Enfin, même dans les cas très rares où l'interdiction était en fait prononcée, la liberté individuelle n'était pas encore complètement sauvegardée, car si le Code décide que l'interdiction cesse avec les causes qui l'ont provoquée, il ne charge personne de veiller à ce que l'internement de l'aliéné ne se prolonge pas après sa guérison.

En présence des graves inconvénients résultant de l'application de ce système, la loi était d'ailleurs le plus souvent méconnue dans la pratique et l'autorité fermait les yeux. De là de nombreux abus : A Paris, sur 613 aliénés admis en 1837 à Bicêtre, 19 seulement étaient interdits ; donc près de 600 aliénés avaient été séquestrés, sans garantie aucune, dans un seul établissement[1].

La promulgation du Code pénal en 1811 n'avait fait que rendre encore plus obscure la matière. Les art. 114 à 122 et 186, réprimaient les atteintes portées à la liberté individuelle par les fonctionnaires publics et les art. 341

---

[1] Laurent, *Principes de droit civil français*, t. V, p. 480.

à 344 punissaient le même crime commis par les simples particuliers. De plus, par les art. 475, § 7 et 479, § 2, il se contentait de reproduire textuellement, et sans rien ajouter, les dispositions de la loi des 19-22 juillet 1791 sur la divagation des insensés, furieux ou bêtes féroces.

Il résultait de là, comme le fait remarquer M. de Montalivet, dans son Exposé des motifs, que : « Par une antinomie frappante, d'une part, les lois des 24 août 1790 et 22 juillet 1791, les art. 475 et 479 du Code pénal admettent et supposent que la divagation de tout insensé, fou ou furieux devra être prévenue ou qu'il y sera porté remède dès qu'elle deviendra dangereuse, et que, d'une autre part, les art. 489 et suivants du Code civil n'autorisent l'interdiction, et, par suite, les mesures de sûreté indiquées en l'art. 510 que pour le majeur qui est dans un état habituel d'imbécillité, de démence ou de fureur[1]. »

Par suite de cette anomalie on arrivait à ce résultat que, lorsqu'en pratique, les autorités administratives étaient forcées de faire séquestrer un aliéné dont l'état menaçait la sécurité publique, sans que cependant ce malade fût dans un état habituel de démence, d'imbécillité ou de fureur, ce fait constituait, au point de vue strictement légal, une séquestration arbitraire et les rendait passibles des pénalités édictées par les art. 114 et suivants du Code pénal. D'un autre côté, si ce furieux était laissé en liberté, les représentants de l'autorité administrative étaient exposés à se voir appliquer les peines énoncées par les art. 475 et 479 qui répriment la divagation des fous furieux. Donc quelque parti qu'ils prissent, ils se trouvaient dans cette situation anormale d'être obligés d'enfreindre la loi pour obéir précisément à cette loi même.

---

(1) M. de Montalivet, Exposé des motifs.

2° Loi de 1838 : Sa préparation; attaques violentes dont elle a été l'objet et projets de réforme.

Il est facile de voir, d'après l'exposé que nous venons de faire de l'historique du sujet, combien, à l'époque où nous en sommes arrivés. c'est-à-dire en 1838, était encore insuffisante la législation relative aux aliénés. La nécessité d'une loi générale qui vînt enfin assurer l'ordre public, tout en sauvegardant pleinement les intérêts de l'aliéné, se faisait donc impérieusement sentir : ce fut là le but poursuivi par le législateur de 1838. A cet effet, un projet de loi élaboré en Conseil d'Etat, avait été présenté à la Chambre des députés, le 6 janvier 1837, sur l'initiative du Gouvernement, par l'organe de M. Gasparin, alors ministre de l'intérieur. Ce projet, qui comprenait quatorze articles, s'occupait de garantir la liberté individuelle et de fixer par qui seraient supportées les dépenses du service des aliénés; mais il n'édictait aucune règle pour la gestion des biens des aliénés internés, et n'ordonnait ni augmentation du nombre d'établissements destinés au traitement de la folie, ni amélioration de ceux qui existaient déjà. Aussi lors de sa discussion à la Chambre des députés, ce projet fut-il vivement critiqué et démontré insuffisant. Sur le rapport de M. Vivien, de nombreux amendements y furent apportés.

Ainsi modifié et adopté par la Chambre des députés, le 7 avril 1837, le projet de loi fut transmis, le 28 avril, à la Chambre des pairs, qui y fit, elle aussi, d'importants remaniements. Afin de coordonner tous les amendements, le projet fut retiré par le Gouvernement et soumis à l'examen des Conseils généraux. Transformé presque complètement, il fut de nouveau présenté à la Chambre des pairs par M. de Montalivet, le 15 janvier 1838 et adopté par elle le 14 février, sur le rapport du marquis de Barthélemy. La Chambre des députés, après lui avoir fait subir encore quelques modifications, vota également la rédaction nouvelle le 16 avril. Après quoi, le projet revint une troisième fois devant la Chambre des pairs, le 25 mai, et la loi fut enfin définitivement votée par la Chambre des députés, le 14 juin 1838, pour être promulguée le 30 juin de la même année. Nous voyons ainsi quel soin fut apporté dans la préparation de cette loi qui, à l'heure actuelle, régit encore la matière, et dont se sont inspirées presque toutes les nations étrangères.

Peu de dispositions législatives ont été cependant aussi vivement critiquées que celles que la loi du 30 juin 1838 consacre à la protection de la liberté individuelle. Après avoir été admirée sans réserves de 1838 à 1860, elle fut, en effet, de 1860 à 1870, l'objet d'attaques aussi violentes qu'inopinées.

« L'attaque, écrit M. Victor du Bled, commença en 1863, passionnée, furibonde, répercutée par les mille échos de la presse ; un ancien représentant du peuple, le docteur Türck, médecin à Plombières, menait la campagne, écrivait que le véritable bienfaiteur de l'humanité serait celui qui détruirait l'œuvre de Pinel. Les journaux de toutes nuances emboîtaient le pas, s'évertuant à exaspérer l'opinion publique, rappelant les sinistres prédictions des orateurs de l'opposition en 1838, de MM. Auguis, Isambert, Roger, Odilon-Barrot, Salverte. A les entendre, la légalité actuelle nous tue, car elle permet à un Français quelconque, avec la complicité d'un Français quelconque, de faire enfermer un autre Français dans un asile. Combien n'avait-on pas eu raison de prophétiser la résurrection des lettres de cachet par la substitution de Bicêtre et de la Salpêtrière à la Bastille? On tue chaque année 3,000 infortunés qu'on pourrait sauver si on les laissait libres ; on rend incurables 3,000 autres malheureux qu'on aurait pu guérir. Chaque heure ouvre son tombeau. Au moyen d'un malentendu, la vengeance peut réaliser le souhait féroce d'Othello : « Je voudrais le tenir mourant sous ma main pendant neuf ans entiers. » « Les asiles, disait l'*Opinion Nationale*, sont des enfers à la porte desquels il faut laisser toute espérance ; ce sont des fabrications d'aliénations chroniques. » « Il est temps, s'écrie le *Journal des Villes et des Campagnes*, de combattre, au nom du bon sens et de Descartes, les aberrations de la psychologie morbide des Esquirol et des Broussais. » « Les asiles sont des oubliettes... Sombre et despotique, le pouvoir médical y règne sans contrôle.. , des oubliettes dont le certificat médical est la lettre de cachet. » (*Presse*, 1865). « La loi n'est qu'un traquenard préparé pour le crime et l'arbitraire, les médecins des ignares, les asiles des prisons. » (*Avenir national*, 1865) [1]. »

Ce passage nous montre à quel point d'exagération en étaient arrivées, pendant les dernières années de l'Empire, les critiques adressées à la loi du 30 juin 1838. Ces protestations étaient évidemment trop passionnées et trop peu justifiées pour avoir pour unique mobile des préoccupations purement juridiques ou humanitaires ; nous ne nous y arrêterons donc pas davantage. Constatons seulement qu'à la suite de nombreuses pétitions, une commission fut nommée par le Sénat, en 1866, pour examiner le bien fondé des

---

(1) Victor du Bled, *Les aliénés à l'étranger et en France*.

critiques adressées à la loi de 1838, et qu'elle rendit justice, par l'organe de M. Suin, son rapporteur, en 1867, à cette loi tant attaquée, la déclarant calomniée, et démontrant qu'aucun cas de séquestration arbitraire, juridiquement constaté, ne s'était encore produit dans les établissements qu'elle régissait. Depuis lors, toutes les enquêtes qui ont eu lieu n'ont pas davantage permis de relever, à la charge de cette loi, un seul cas d'internement d'une personne non folle dans un asile. C'est du moins ce que constatait encore, en 1886, M. Théophile Roussel dans son rapport au Sénat sur la proposition de loi portant revision de la loi du 30 juin 1838 : « Nous avons résumé ailleurs, déclarait l'éminent rapporteur, ce qui nous a paru mériter un souvenir dans les accusations portées avec passion devant l'opinion publique par les adversaires systématiques de la loi. Après avoir, pour notre compte, examiné autant que nous l'avons pu, les faits particuliers qui ont occasionné le plus de bruit, il nous a paru que dans quelques-uns, *bien qu'il s'agisse d'aliénés,* l'internement aurait pu être évité, que, dans quelques autres, la sortie aurait dû rencontrer moins d'obstacles. En définitive, nous admettons comme bien fondée cette conclusion qui ressort depuis longtemps des enquêtes faites sans parti pris, à savoir, qu'à l'exception d'un petit nombre de cas qui ont prêté à la critique, les séquestrations arbitraires, ayant l'aliénation mentale pour prétexte, se sont accomplies et s'accomplissent encore, soit au sein des familles elles-mêmes, soit dans les établissements soustraits aux prescriptions de la loi de 1838 *et en dehors des établissements publics ou privés créés et régis en exécution de cette loi.* »

Ces paroles de M. Roussel constituent la réhabilitation complète de la loi du 30 juin 1838, et si l'on réfléchit que depuis 1838 il a été effectué près de 400,000 admissions d'aliénés dans les asiles publics ou privés, la conscience publique apprendra avec une légitime satisfaction qu'il n'a pas été relevé, dans les établissements d'aliénés, un seul cas de séquestration illégale, juridiquement constaté.

Toutefois, il faut bien le reconnaître, si cette constatation fait justice des accusations excessives portées contre la loi de 1838 pendant les dernières années de l'Empire, il n'en est pas moins vrai que cette loi contient des imperfections et des lacunes, et qu'elle a pu permettre certains abus commis par les familles en présence de l'aliéniste impuissant et désarmé. Le docteur Dagonet, ancien médecin en chef de l'asile du Bas-Rhin, rapporte un exemple frappant de cette perversité si habile à tirer parti des lacunes de la loi. Une femme de mœurs fort légères parvient à s'emparer de l'esprit affaibli d'un officier supérieur en retraite, atteint d'un commencement de paralysie générale. Elle l'épouse et lui fait reconnaître un enfant qui n'est pas de lui, puis, lorsqu'il devient pour elle un embarras, munie d'un certificat de médecin, elle le place dans un asile et continue sa vie de désordres. Dès qu'elle s'aperçoit d'un commencement de grossesse, elle s'empresse de retirer son mari, qui est tombé dans un état complet d'incapacité mentale et physique, et, après l'avoir conservé chez elle le temps nécessaire pour légitimer, aux yeux de la loi, l'enfant qui va naître, elle le ramène à sa maison de santé, toujours armée du certificat médical. Et, plus tard, le mariage, le testament, la légitimité des enfants, furent en vain attaqués par les héritiers naturels.

De tels faits, fussent-ils très rares, justifient amplement des enquêtes répétées, les travaux des commissions, les rapports volumineux auxquels ont donné lieu les différents projets de réformes de la loi de 1838, déposés jusqu'à ce jour sur le bureau des Chambres. Du reste, il ne suffit pas qu'il n'y ait point d'abus en fait, il faut qu'ils ne soient pas possibles, qu'on ne puisse pas même les supposer, car « le soupçon marque les interstices par où la fraude peut se glisser, et la loi, encore moins que la femme de César, ne doit pas être soupçonnée. »

M. Théophile Roussel, rapporteur du projet de la commission du Sénat en 1886, a fort bien compris les qualités et aussi les points faibles de la loi de 1838 lorsqu'il commençait ainsi son rapport : « La loi du 30 juin 1838 marque une grande date dans l'histoire des aliénés en France. Conçue dans les vues les plus humaines, préparée avec des soins exceptionnels par des esprits très éclairés, cette loi a été admirée à juste titre et prise pour modèle à l'étranger. Elle est devenue plus tard l'objet d'attaques passionnées qui ont troublé l'opinion publique, l'ont égarée par moments...

Le gouvernement de la République a pensé que l'heure est venue de mettre à profit les enseignements de près d'un demi-siècle, pour corriger les imperfections de la loi de 1838, pour combler ses lacunes et aussi pour donner à notre législation sur les aliénés, des compléments rendus nécessaires par les conditions présentes et les besoins nouveaux de notre société...

La commission du Sénat, chargée d'examiner le projet du Gouvernement, a consacré à cette tâche deux années d'études consécutives. Elle partage, en la terminant, l'opinion exprimée dans l'exposé des motifs ministériels sur la valeur de la loi qu'il s'agit de reviser, sur ses bienfaits et sur le respect qui lui est dû. C'est dans ce sentiment de justice envers nos devanciers que nous venons rendre compte des travaux de la commission... »

Presque tous les auteurs et les jurisconsultes, même ceux qui comptent parmi les admirateurs de la loi du 30 juin 1838, s'accordent donc à reconnaître que cette loi n'est pas parfaite et que des défectuosités sérieuses se manifestent, comme nous le verrons au cours de cette étude, dans l'organisation du contrôle des établissements d'aliénés et dans l'insuffisance des garanties à exiger pour l'admission ou le maintien des aliénés. — Quant aux lacunes, elles sont nombreuses :

1° Il n'y a dans la loi aucune disposition concernant les aliénés soignés à domicile, chez eux ou dans des maisons particulières ;

2° La loi ne prend aucune précaution spéciale relativement aux aliénés français séquestrés à l'étranger ou inversement aux aliénés étrangers internés en France ;

3° La catégorie des aliénés, dits criminels, n'a pas été visée par le législateur ;

4° Le même silence est constaté au sujet d'une catégorie spéciale de démens, comprenant les idiots, les crétins et les épileptiques, malades que la loi de 1838 a confondu semble-t-il avec les véritables aliénés.

Telles sont les observations qu'a fait naître l'application de cette loi de 1838.

Ces critiques et ces lacunes suffisent amplement à justifier les enquêtes répétées, les travaux des commissions, les rapports volumineux et les nombreux projets de réforme de la loi de 1838 déposés jusqu'à ce jour sur le bureau des Chambres.

Ce fut, nous l'avons vu, en 1866 que commença à se produire un mouvement violent d'opinion contre la loi de

1838. De nombreuses pétitions furent alors adressées au Sénat et donnèrent lieu à la nomination d'une commission dont le rapporteur, M. Suin, le 2 juillet 1867, développa les conclusions tendant à la stricte application de cette loi plutôt qu'à sa revision.

En 1869 une enquête administrative fut ordonnée par le Gouvernement, sur l'exécution de la loi de 1838 et une commission parlementaire, instituée le 12 février de la même année, fut chargée d'en examiner les résultats et de proposer les réformes qu'elle jugerait indispensable d'apporter à la législation en vigueur. La guerre de 1870 vint malheureusement interrompre les travaux de cette commission.

Pendant ce temps, MM. Gambetta et Magnin avaient rédigé une proposition de loi qu'ils présentaient au corps législatif le 21 mars 1870. Les auteurs de ce projet entendaient confier à un jury spécial la mission de statuer sur le placement et la sortie des aliénés, et transformaient le médecin en simple expert. Les tristes et douloureux événements qui se sont accomplis pendant « l'année terrible » empêchèrent la discussion de cette proposition, du reste en fait impraticable et que Gambetta lui-même abandonna depuis, car il ne l'a pas reproduite en 1872 devant l'Assemblée nationale, quand M. Théophile Roussel, dont le nom se retrouve dans toutes les lois d'assistance, présenta à son tour un nouveau projet de réforme : Ce dernier projet était le fruit d'une étude entreprise dès 1869 par la société de législation comparée. L'Assemblée nationale, trop absorbée par les problèmes politiques qu'elle avait à résoudre, laissa de côté la proposition Roussel, et il faut remonter dix années pour retrouver dans nos annales parlementaires la trace d'un document applicable aux aliénés,

L'initiative des modifications à apporter à la loi du 30 juin 1838, fut en effet reprise par le Gouvernement lui-même en 1882, et, le 25 novembre de la même année, M. Fallières, en qualité de ministre de l'intérieur, déposait sur le bureau du Sénat et soumettait aux délibérations de cette assemblée un projet de loi ayant été élaboré par une commission extra-parlementaire, et ayant pour but de reviser complètement la législation concernant les aliénés.

La commission sénatoriale chargée d'examiner ce projet consacra deux années entières à ces travaux, et en mai 1884, M. Roussel déposa un rapport qui exposait d'une façon détaillée les modifications apportées au projet du Gouvernement. Le projet, ainsi amendé, fut discuté en première lecture en novembre et décembre 1886 et adopté dans la séance du 11 mars 1887. Transmise à la Chambre le 24 juin 1887, la loi ne put être discutée pendant la législature en cours.

Le 3 décembre 1890, M. Joseph Reinach reprit la proposition et rédigea un nouveau projet qui reproduisait à peu de chose près le texte voté par le Sénat en 1887. Le rapport de la commission fut déposé le 21 décembre 1891 : mais pour la seconde fois, la Chambre dut se séparer sans avoir eu le loisir de l'examiner.

Loin de se décourager, M. Joseph Reinach renouvela, en 1893, sa proposition avec le concours d'un autre député, M. Ernest Lafont. Le nouveau texte de ce projet, présenté par la commission le 19 février 1894, eut le même sort que les précédents, et les pouvoirs de la Chambre expirèrent encore sans qu'on ait pu arriver à une discussion publique.

Depuis cette époque, projets et contre-projets dorment

dans les cartons parlementaires, et malgré tout l'intérêt qu'ils présentent, rien ne nous autorise à présager leur prochain réveil.

Tel est l'historique de la loi du 30 juin 1838, des critiques qui lui ont été adressées et des réformes dont elle paraît susceptible, points sur lesquels doit maintenant porter notre étude.

CHAPITRE II

DES PLACEMENTS

SECTION I

EXPOSÉ DU SYSTÈME DE LA LOI DE 1838

La loi du 30 juin 1838 distingue deux sortes de placements : le placement volontaire et le placement d'office par ordre de l'autorité administrative.

I. — *Placement volontaire.*

Convaincu que l'isolement dans un asile était pour tous les aliénés, quel que fût leur genre de folie, le plus sûr moyen de guérison, et d'autre part se rappelant combien de familles désireuses de placer leurs malades dans des asiles avaient reculé devant les longueurs, les difficultés et les frais qu'entraînait le système de l'interdiction préalable édicté par le code civil, le législateur de 1838 a voulu rendre très facile le placement des aliénés, tout en s'efforçant d'ailleurs d'assurer la sauvegarde de la liberté individuelle.

C'est dans ce but que l'art. 8 de notre loi permet, non seulement à la famille d'un aliéné, mais même à toute personne ayant eu des relations avec un individu atteint d'aliénation mentale, de requérir, d'un directeur ou chef d'établissement, l'admission de cet aliéné dans l'asile qu'il dirige, à la condition pour elle d'établir :

1° Son individualité propre à elle, auteur du placement, et de devenir ainsi responsable de ce placement en cas de séquestration arbitraire ;

2° L'individualité de celui dont elle demande l'internement, afin de prévenir le danger des substitutions de personnes ;

3° La réalité et le caractère de la maladie de celui qu'elle veut placer.

Cette triple série de constatations se fait au moyen des trois pièces suivantes exigées par le même article 8 : 1° une demande d'admission ; 2° un passeport ou toute autre pièce propre à faire constater l'identité du fou ; 3° un certificat médical.

1° La demande d'admission doit contenir : les noms, profession, âge et domicile tant de la personne qui la forme que de celle dont le placement est réclamé, et l'indication du degré de parenté ou, à défaut, de la nature des relations qui existent entre elles. Elle doit être écrite et signée par celui qui la forme, et, s'il ne sait pas écrire, elle sera reçue par le maire ou le commissaire de police qui en donnera acte. Si la demande n'est pas ainsi reçue, les chefs, préposés ou directeurs devront s'assurer, sous leur responsabilité, de l'individualité de la personne qui aura formé la demande. Dans le cas spécial où la demande émane du tuteur d'un interdit, ce tuteur doit en plus fournir un extrait du jugement d'interdiction.

L'aliéné peut-il, dans un intervalle lucide, demander lui-même son admission dans l'asile ? Cette question, qui peut étonner au premier abord, se présente assez fréquemment en pratique ; le professeur Ball, dans un cours inaugural, cite, entre autres, le cas de Marie Lamb, sœur d'un illustre écrivain anglais, qui, dans un accès de folie furieuse, ayant eu le malheur de tuer sa mère, ne manquait jamais, lorsqu'elle sentait approcher une crise, de se faire conduire dans un asile d'aliénés. — Bien que la loi de 1838 n'ait pas prévu cette hypothèse de placement volontaire nous estimons, d'accord en cela avec tous les auteurs, que l'internement d'un aliéné sur sa propre demande est possible, la loi ne l'ayant pas défendu, et cette interprétation rentrant bien au contraire dans son esprit, qui est de favoriser le placement, et par cela même le traitement de tout aliéné. Toutefois, avant d'admettre ainsi l'aliéné, le directeur devra s'assurer que ce malade fait sa demande en pleine connaissance de cause et, cela va sans dire, se faire remettre par lui une pièce établissant son identité et un certificat constatant la réalité de sa folie.

Les propositions de réforme s'occupent expressément de ce cas tout spécial de placement volontaire, et décident que si une personne majeure, atteinte d'aliénation mentale, sollicite elle-même son placement dans un asile, il suffira, pour qu'elle puisse y être admise, d'une demande écrite et signée par elle, ou si elle ne sait pas écrire, reçue par le maire, le juge de paix ou le commissaire de police, et d'une pièce propre à constater son identité. Aucun rapport médical ne sera exigé. A part cela, la personne ainsi admise sera soumise à toutes les autres dispositions concernant les placements volontaires.

2° Le passeport est exigé par la loi dans le but d'établir l'individualité de la personne à placer et d'éviter ainsi les substitutions de personnes : des spéculateurs pouvant essayer de faire attribuer à un aliéné le nom d'une personne saine d'esprit, qu'ils auraient intérêt à présenter plus tard comme ayant été atteinte d'aliénation mentale. Le passeport peut, du reste, être remplacé par toute autre pièce propre à constater l'identité du malade. Sur ce point la loi laisse toute liberté au directeur de l'asile qui supporte seul la responsabilité de cette constatation.

3° La dernière pièce à fournir est un certificat de médecin constatant l'état mental de la personne à placer, et indiquant les particularités de sa maladie et la nécessité de la faire traiter dans un établissement d'aliénés et de l'y tenir enfermée. Ce certificat est la plus importante des formalités exigées par l'art. 8 pour l'internement d'un aliéné dans un asile, et constitue la garantie la plus efficace de la liberté individuelle en empêchant l'internement de personnes parfaitement saines d'esprit. Aussi la loi a-t-elle insisté particulièrement sur ce point, et décrit minutieusement les conditions que ce certificat doit remplir pour ne pas devenir une formalité illusoire : Il faut que le certificat n'ait pas plus de quinze jours de date au moment de sa remise au directeur de l'asile, afin d'éviter qu'une personne malade au moment de la délivrance du certificat ne puisse être internée sur la présentation de cette pièce une fois la crise passée. De plus, ce certificat ne doit pas être admis, s'il est signé d'un médecin, attaché à l'établissement ou parent ou allié jusqu'au second degré inclusivement des chefs ou propriétaires de l'établissement, ou de la personne qui fera effectuer le placement ; le législateur ne voulant pas que le médecin puisse être soupçonné de complaisance dans la délivrance du certificat.

Dans un seul cas, le certificat médical peut ne pas être exigé, c'est quand il est urgent d'admettre le malade à l'asile, quand, par exemple, l'aliéné met en danger sa propre vie et celle des personnes qui l'entourent ; encore cette faculté exceptionnelle est-elle restreinte aux asiles publics et fort peu usitée dans la pratique. Les directeurs d'établissements privés qui autoriseraient une semblable mesure, seraient passibles des peines édictées par l'art. 41 de la loi, c'est-à-dire « d'un emprisonnement de cinq jours à un an, et d'une amende de 50 à 3,000 fr. ou de l'une ou l'autre de ces peines. »

Le certificat médical doit-il émaner forcément d'un docteur en médecine, ou peut-il être rédigé par un officier de santé? Cette question ne présente plus à l'heure actuelle le même intérêt puisqu'une loi de date récente a supprimé pour l'avenir l'institution de l'officiat de santé. L'opinion dominante se prononçait pour la validité du certificat délivré par un officier de santé, ce dernier étant un médecin et la loi ne spécifiant pas qu'il s'agit d'un docteur en médecine : les instructions des autorités administratives aux directeurs d'asiles publics abondaient en ce sens.

Cette interprétation large du mot « médecin » contenu dans l'art. 8, rentrait bien d'ailleurs dans l'esprit de la loi. Dans toutes les mesures édictées par le législateur de 1838, se retrouve en effet la préoccupation constante d'assurer le traitement immédiat de l'aliéné : or, dans bien des cas, surtout dans les campagnes bretonnes où la plupart des médecins étaient des officiers de santé, l'exigence d'un certificat délivré par un docteur en médecine aurait eu pour résultat de retarder, souvent d'une façon notable, l'admission d'un malade à l'asile ; la loi ne l'a certainement pas voulu.

Toutefois M. Dalloz et MM. Durieu et Roche soutenaient l'opinion contraire se basant pour cela sur un argument *a fortiori*, tiré de la loi du 19 ventôse an XI, qui décide que des docteurs en médecine seuls peuvent remplir « les fonctions de médecins ou de chirurgiens appelés par les tribunaux, ou chargés par les autorités administratives de divers objets de salubrité[1]. »

Telles sont les formalités que la loi a jugées constituer une garantie suffisante de la liberté individuelle, pour pouvoir permettre à toute personne de placer un aliéné dans un asile, et assurer ainsi au malade un traitement immédiat. Lorsqu'il fut présenté aux Chambres, le projet du Gouvernement sur la loi du 30 juin 1838 exigeait, pour qu'un placement fût possible, l'autorisation du préfet en outre des formalités ci-dessus mentionnées; le corps législatif refusa de consacrer cette façon de procéder, estimant avec raison que cette mesure eût porté atteinte à la promptitude de l'isolement et eût diminué par ailleurs la responsabilité des auteurs du placement, le préfet assumant en partie cette responsabilité par le fait même de son autorisation. M. Laurent, dans ses *Principes de droit civil français*, rend pleinement justice à ce principe, édicté par le législateur de 1838, de la liberté des placements dans un établissement d'aliénés sans autorisation préalable de la part de l'administration : « Au premier abord, dit-il, on est effrayé du droit que la loi accorde en quelque sorte au premier venu de séquestrer l'aliéné, pourquoi ne pas exiger le concours de l'autorité locale? L'intervention de l'administration n'aurait été une garantie que si elle avait dû procéder à une enquête, et, dans ce cas l'isolement eût été retardé; or, c'est l'isolement qui est le plus énergique moyen de guérison; la loi prescrit d'ailleurs des mesures telles qu'elles préviennent toute tentative de séquestration

(1) Dalloz, *Rép.*, v° Aliéné, n° 114. — Durieu et Roche, *Répertoire de l'administration et de la comptabilité des établissements de bienfaisance.*

fondée sur une folie supposée, ou la répriment dans les cas fort rares où elle aurait lieu[1] ».

Cette formalité de l'autorisation administrative préalable, repoussée par le législateur de 1838, était d'autant plus inutile que l'art. 8 de la loi exige du directeur de l'établissement l'avertissement immédiat de l'autorité supérieure administrative du département où est situé l'asile, aussitôt l'aliéné admis dans cet établissement : « Il sera fait mention de toutes les pièces produites dans un bulletin d'entrée, qui sera envoyé *dans les vingt-quatre heures*, avec un certificat du médecin de l'établissement et la copie de celui ci-dessus mentionné, au préfet de police à Paris, au préfet et au sous-préfet dans les communes chefs-lieux de département ou d'arrondissement, et aux maires dans les autres communes. Le sous-préfet ou le maire en fera immédiatement l'envoi au préfet » (art. 8).

En outre pour les placements faits dans un asile privé, la loi par une mesure de défiance bien justifiée contre ces établissements qui ont évidemment intérêt à recevoir le plus de malades possible prend encore une garantie supplémentaire : « Si le placement est fait dans un établissement privé, le préfet, dans les trois jours de la réception du bulletin, chargera un ou plusieurs hommes de l'art de visiter la personne désignée dans ce bulletin, à l'effet de constater son état mental et d'en faire rapport sur le champ. Il pourra leur adjoindre telle autre personne qu'il désignera » (art. 9).

L'autorité administrative une fois prévenue de la séquestration d'une personne dans un établissement d'aliénés, le législateur de 1838 a voulu que l'autorité judiciaire fût

---

(1) Laurent, tome V, n° 386, p. 481.

également avertie du placement, afin que les magistrats qui la représentent soient à même de s'enquérir de la nécessité de l'internement, de l'identité de l'aliéné, et, s'il y a lieu, de requérir la mise en liberté et de poursuivre ceux qui se seraient rendus coupables de séquestration arbitraire. Dans ce but, l'art. 10 dispose : « Dans le même délai, c'est-à-dire dans les trois jours, le préfet notifiera administrativement les noms, profession et domicile, tant de la personne placée que de celle qui a demandé le placement et les causes du placement : 1° au procureur du roi de l'arrondissement du domicile de la personne placée ; 2° au procureur du roi de l'arrondissement de la situation de l'établissement, et l'art. 10 ajoute : « Ces dispositions seront communes aux établissements publics et privés. »

Les investigations des autorités tant administratives que judiciaires sont, du reste, facilitées par la tenue, dans tout établissement d'aliénés, d'un registre exigé par l'art. 12, et sur lequel sont inscrits immédiatement après leur admission à l'asile, « les noms, profession, âge et domicile des personnes placées, la mention du jugement d'interdiction, si elle a été prononcée, et, le nom de leur tuteur, la date de leur placement, les noms, profession et demeure de la personne parente ou non parente qui l'aura demandé. » De plus, l'art. 12 exige encore la transcription sur ce registre du certificat du médecin, joint à la demande d'admission, ainsi que de ceux que le médecin de l'établissement doit faire parvenir à l'autorité administrative, le premier dans les vingt-quatre heures de l'admission de l'aliéné, et le second, quinze jours après son placement. Les changements survenus dans l'état mental du malade doivent être également consignés, tous les mois, sur ce registre, par le médecin de l'asile (art. 20).

Telles sont les diverses garanties accordées à la liberté individuelle en matière de placements volontaires, garanties que résumait nettement M. Vivien par ces paroles, pouvant également, du reste, comme nous le verrons, s'appliquer aux placements d'office : « Ainsi, avant l'admission, déclarait l'éminent rapporteur, responsabilité de ceux qui demandent le placement du malade, du médecin qui atteste sa maladie, du chef d'établissement qui reçoit ; après l'admission, responsabilité du médecin qui fait une visite, du préfet et du procureur du roi qui ne forment aucune opposition : telles sont les garanties que nous établissons [1]. »

II. — *Placement d'office.*

Il peut arriver, et cela a lieu en fait souvent dans les campagnes, que les parents ou les voisins d'une personne atteinte d'aliénation mentale et dont les accès compromettent l'ordre public, ne veuillent pas se donner la peine de faire les démarches nécessaires pour obtenir son admission dans un asile ; dans ce cas, la loi devait évidemment donner à l'administration, gardienne responsable de l'ordre et de la sûreté publique, le pouvoir de prendre les mesures nécessaires à cet égard. C'est ce qu'a fait le législateur de 1838 ; l'art. 18 dispose, en effet : « A Paris, le préfet de police, et, dans les départements, les préfets ordonneront d'office le placement, dans un établissement d'aliénés, de toute personne, interdite ou non interdite, dont l'état d'aliénation compromettrait l'ordre public ou la sûreté des personnes. »

Ce droit, pour le préfet, de faire séquestrer une per-

(1) Foville, *les Aliénés,* pp. 50 et suiv.

sonne, sous le seul prétexte de folie, pourrait paraître à la fois exorbitant et dangereux pour la liberté individuelle, si l'autorité administrative n'était de ce chef susceptible d'aucun contrôle ; aussi, dans son second alinéa, l'art. 18 ajoute-t-il : « Les ordres des préfets seront motivés et devront énoncer les circonstances qui les auront rendus nécessaires. »

En fait, bien que la loi n'en fasse pas pour lui une obligation, ce sera à un certificat médical que le préfet aura recours, la plupart du temps, pour se conformer aux prescriptions de cet article et couvrir ainsi sa responsabilité.

Dans le but de rendre facile le contrôle de ces ordres de placement ainsi motivés, l'art. 18 ordonne, en outre, leur transcription sur un registre semblable à celui qui est prescrit par l'art. 12, cité plus haut, pour les placements volontaires : Toutes les dispositions de cet art. 12 sont d'ailleurs applicables aux placements d'office et toute décision prise par le préfet, tout rapport rédigé par les médecins de l'établissement sur un aliéné placé à l'asile, soit d'office, soit volontairement, doivent être transcrits sur ce registre.

L'art. 22 complète la série de précautions prises par le législateur de 1838, en vue de tempérer le pouvoir discrétionnaire qu'il donne à l'autorité publique dans le placement des aliénés, dangereux pour les autres ou pour eux-mêmes. Aux termes de cet article, dans les trois jours qui suivent le placement d'office effectué sur son ordre, le préfet doit informer le procureur de la décision qu'il a prise ; de plus, il doit également notifier cet ordre au maire du domicile de la personne soumise au placement, afin que ce dernier puisse donner avis de l'internement à la famille de l'aliéné, et la mettre ainsi en situation d'aviser aux mesures à prendre à l'égard du malade : elle pourra même, le cas échéant, prouver la fausseté ou la non-existence des faits énoncés dans l'ordre de placement et obtenir le retrait de l'ordre. Le préfet devra, en outre, rendre compte au Ministre de l'intérieur de l'exécution de ces formalités.

Il va sans dire que la famille peut toujours faire transférer dans un asile privé un aliéné qui a fait l'objet d'un placement d'office dans un asile public, ou inversement dans un asile public l'aliéné placé par le préfet dans un asile privé, ce fonctionnaire pouvant à son gré placer d'office un aliéné, soit dans un asile public, soit dans un asile privé.

Si l'aliéné est indigent et qu'il ait son domicile dans un département autre que celui où il a fait l'objet d'un placement d'office, son transfert dans l'asile du département de son domicile aura même lieu forcément, la charge de tout aliéné incombant au département et à la commune du domicile de cet aliéné. Dans tous les cas de transfert dans l'asile d'un département autre que celui où l'aliéné a fait l'objet d'un placement d'office, c'est au préfet du lieu de l'établissement que doivent être alors envoyés les certificats et les rapports, et c'est lui qui devient compétent pour statuer sur le maintien ou la sortie [1].

Il peut y avoir certains cas de folie furieuse, par exemple, où des mesures immédiates sont tellement urgentes qu'il est impossible d'attendre un ordre de placement de la part du préfet; aussi, l'art. 19 donne-t-il, dans ce cas, aux commissaires de police, à Paris, et aux maires, dans toutes les autres communes, un pouvoir illimité en ce qui con-

---

[1] Circulaires des 28 décembre 1839 et 25 juin 1840.

cerne les précautions à prendre : « En cas de danger imminent, attesté par le certificat d'un médecin ou par la notoriété publique, les commissaires de police, à Paris, et les maires, dans les autres communes, ordonneront, à l'égard des personnes atteintes d'aliénation mentale, toutes les mesures provisoires nécessaires, à la charge d'en référer dans les vingt-quatre heures au préfet qui statuera sans délai » (art. 19). Pour que les commissaires de police ou les maires puissent exercer ce droit que leur confère l'art. 19, un certificat de médecin n'est donc pas nécessaire, mais le péril que fait courir l'aliéné aux autres ou à lui-même doit être « imminent »; l'imminence du danger dispensant seule d'en référer préalablement au préfet. Au contraire, s'il s'agit d'un placement ordonné par le préfet, il n'est pas nécessaire que le péril dont l'ordre public est menacé par l'aliéné soit actuel, il suffit que l'on puisse craindre que ce danger se réalise par la suite.

Les mesures que l'art. 19 permet de prendre sont, d'ailleurs, absolument provisoires, et les maires ou commissaires de police qui agissent en vertu des dispositions de cet article, sont tenus, dans les vingt-quatre heures qui suivent, d'avertir le préfet qui doit lui-même, immédiatement, prendre un arrêté de placement.

Il est à remarquer que les placements d'office ordonnés par les art. 18 et 19, ne sont pas seulement facultatifs, ils sont obligatoires aussi bien pour les préfets que pour les maires et commissaires de police; le terme impératif « ordonneront » employé par ces articles ne peut laisser aucun doute sur ce point. Toutefois, c'est au seul cas où l'ordre public est menacé par l'aliéné d'une façon soit actuelle, soit future, que l'autorité administrative peut user du droit de séquestration que lui confère l'art. 18. Ainsi, lorsqu'un aliéné, quoique furieux et dangereux, est traité au sein de sa famille et entouré d'une surveillance et de soins tels que la sécurité publique est à l'abri de tout péril, il paraît certain que le préfet ne peut faire placer d'office cet aliéné dans un asile, puisque l'on n'a pas à redouter le danger qui, précisément, a motivé la disposition de l'art. 18; c'est du moins l'opinion de MM. Dalloz, Demolombe et de la plupart des jurisconsultes [1].

De même qu'au cas de placement volontaire, la personne auteur du placement peut retirer l'aliéné de l'établissement où elle l'a placé; de même aussi, c'est au préfet qu'il appartient de prononcer la sortie de tout aliéné placé par lui d'office à l'asile, dès que les médecins de l'établissement déclarent sans danger sa mise en liberté. Dans ce but, et afin de tenir le préfet constamment au courant de l'état des malades dont il a ordonné l'internement, l'art. 20 ordonne aux directeurs « d'adresser au préfet dans le premier mois de chaque semestre un rapport rédigé par le médecin de l'établissement, sur l'état de chaque personne qui y sera retenue, sur la nature de sa maladie et les résultats du traitement. Le préfet prononcera sur chacune, individuellement, ordonnera son maintien ou sa sortie. » L'attention de l'autorité administrative sera ainsi forcément attirée sur la situation de chaque aliéné, puisqu'elle doit statuer sur le cas de chacun d'eux.

Comme supplément de garantie, une circulaire du 25 juin 1840 prescrit même aux préfets de transmettre tous les six mois au Ministre de l'intérieur ces avis individuels de maintenue et de sortie.

Toutefois, l'art. 20 n'obligeant que tous les six mois les directeurs à renseigner le préfet sur l'état des aliénés

---

[1] Dalloz, *Répertoire de jurisprudence,* verbo Aliéné, n° 156.

placés par lui, on pouvait craindre qu'un aliéné guéri dans l'intervalle ne se trouve ainsi retenu à l'asile jusqu'à l'expiration du semestre, l'art. 23 est venu combler cette lacune : « Si, dans l'intervalle qui s'écoulera entre les rapports ordonnés par l'art. 20, les médecins déclarent, sur le registre tenu en exécution de l'art. 12, que la sortie peut être ordonnée ; les chefs, directeurs ou préposés responsables des établissements seront tenus, sous peine d'être poursuivis, conformément à l'art. 30 ci-après, d'en référer aussitôt au préfet, qui statuera sans délai. »

Ce droit de placement d'office, donné à l'autorité administrative dans l'intérêt de l'ordre public, devait naturellement avoir pour corollaire le droit, pour cette même autorité, de s'opposer à la sortie d'un aliéné placé volontairement, dans le cas où son état mental pourrait compromettre l'ordre public ou la sûreté des personnes. C'est ce qu'est venu décider l'art. 21, en permettant dans ce cas au préfet de décerner un ordre spécial, dans les formes tracées par le deuxième paragraphe de l'art. 18, c'est-à-dire énonçant les motifs et les circonstances qui le rendent nécessaire, à l'effet d'empêcher que cet aliéné ne sorte de l'établissement sans son autorisation, si ce n'est pour être placé dans un autre établissement. — Aux termes du dernier paragraphe de l'art. 14, que nous étudierons plus loin, dans la section consacrée aux conditions de sortie des aliénés, le médecin de l'asile a d'ailleurs un droit d'opposition analogue à la sortie de malades placés volontairement, quand il juge que l'état de cet aliéné peut constituer un danger public, mais il doit, dans ce cas, avertir aussitôt le maire et c'est ce magistrat municipal qui prononce le sursis provisoire à la sortie du malade. Ce sursis provisoire cesse de plein droit au bout de quinze jours, si le préfet, que le maire a dû prévenir, dans les vingt-quatre heures, de la décision qu'il avait prise, n'a pas, dans ce délai de quinzaine, donné d'ordres contraires.

Ces arrêtés de maintenue, pris par le préfet, doivent être évidemment transcrits sur le registre spécial dont l'art. 12 exige la tenue dans chaque asile, et notifiés aux procureurs de la République du lieu de l'établissement et du domicile de l'aliéné, ainsi qu'au maire du domicile de l'aliéné qui en donnera immédiatement avis à la famille. Toutes ces formalités sont exigées aussi bien pour les arrêtés de maintenue à l'asile que pour les ordres de placement d'office (art. 22).

Les placements d'office ordonnés par l'autorité administrative, en exécution des art. 18 et 19 que nous venons d'étudier, ne sont possibles qu'au seul cas où l'état de l'aliéné constitue un danger pour l'ordre public ; aussi, ne faut-il pas les confondre avec *les placements d'aliénés indigents non dangereux,* autorisés par le préfet, selon les prescriptions de la circulaire du 14 août 1840. Les premiers constituent une mesure d'ordre public, les seconds ne sont, au contraire, qu'un moyen d'assistance et n'ont été édictés que dans le but d'éviter que des malheureux démens ou idiots, délaissés par leur famille et incapables de subvenir à leurs besoins, ne périssent faute de fortune et de soins. Chaque année, le Conseil général fixe le nombre de ces aliénés indigents non dangereux qui seront ainsi traités gratuitement dans l'asile du département ; le préfet ne fait qu'autoriser leur entrée à l'asile. Ces sortes de placements sont donc à vrai dire des placements volontaires : ils ne diffèrent de ces derniers que sur un point, c'est que le séjour à l'asile des malades ainsi placés, au lieu d'être payé par la famille, reste au compte du département.

Les formalités exigées pour faire ainsi interner un malade au compte du département sont celles édictées par l'art. 8, en matière de placements volontaires; mais, outre les énonciations prescrites par l'art. 8, le certificat médical doit, au cas d'internement d'aliénés non dangereux, au compte du département, énoncer les chances de guérison; de plus, la demande d'admission doit être transmise au préfet par le maire, qui doit y joindre un certificat constatant la situation pécuniaire de l'aliéné et celle des parents tenus envers lui à la dette alimentaire, ainsi que son avis sur l'accueil à faire à la demande. Le préfet autorise ou refuse l'admission, il a sur ce point un pouvoir discrétionnaire. De même, il peut ordonner la sortie des aliénés ainsi placés même avant leur guérison s'il le juge à propos; quand, par exemple, l'état d'indigence de leurs parents a cessé, puisque c'est uniquement le manque de ressources qui a motivé le placement, à la charge du département, de ces aliénés non dangereux. Par ailleurs, toutes les autres règles des placements volontaires s'appliquent à ces placements au compte des départements, aussi, les parents de ces aliénés non dangereux conservent-ils toujours le droit de les faire sortir de l'asile quand bon leur semble, sans besoin pour cela d'en référer préalablement au préfet. — Nous ne pouvons nous empêcher de regretter que ces placements soient fort rares en pratique, et que les préfets, dans les quelques cas où ils en font usage, les emploient trop souvent comme une faveur politique, oubliant que ces sortes de placements ne sont qu'un moyen d'assistance et, comme tels, doivent être accessibles à tous les indigents sans distinction de parti.

Ne sont pas non plus des placements d'office, le placement dans un asile d'un détenu, par le préfet, sur la demande du directeur de la prison, ou l'internement d'un soldat aliéné par les soins de l'intendant militaire. Ce sont encore ici les règles des placements volontaires qui sont applicables.

En terminant cette section relative aux conditions de placement dans les asiles d'aliénés, nous devons protester contre une pratique usitée quelquefois par les préfets, et qui consiste *à placer des personnes, regardées comme folles, en observation dans un hôpital* pendant un temps indéterminé, avant de procéder à leur placement d'office dans un établissement d'aliénés ou à leur mise en liberté. — Cette mesure est condamnable à tous égards et viole la loi aussi bien dans son esprit que dans son texte. L'art. 18 en effet ne permet au préfet de faire interner d'office qu'un aliéné dangereux, et cet internement ne peut avoir lieu que dans un asile d'aliénés ; de plus, si l'art. 24 autorise le dépôt provisoire d'aliénés dans les hospices civils, ce n'est qu'à titre exceptionnel, en cas d'urgence, de folie furieuse, et seulement quand leur transfert immédiat à l'asile est impossible en raison de l'éloignement de cet établissement. Cette pratique est également contraire à l'esprit de la loi, puisque, avant toute chose, le législateur a voulu que le malade reçoive des soins immédiats, soins qu'il ne peut recevoir dans un hôpital nullement aménagé pour le traitement de ces sortes de malades. — Ces placements en observation sont donc absolument illégaux et peuvent par ailleurs entraîner de graves atteintes à la liberté individuelle. Ou bien l'aliéné est dangereux, et alors doit être immédiatement placé d'office à l'asile, ou bien il est inoffensif, et dans ce cas aucune mesure ne peut être prise contre lui.

SECTION II

CRITIQUES

Nous venons ainsi de passer en revue les nombreuses garanties prises par le législateur de 1838 pour sauvegarder la liberté individuelle tant dans les placements volontaires que dans les placements d'office. Il nous faut maintenant examiner, dans une deuxième section, si ces formalités doivent être regardées comme suffisantes et si elles écartent d'une façon absolue la possibilité d'abus regrettables.

La plupart des auteurs pensent le contraire.

Quelles sont en effet les exigences de la loi de 1838 en matière de placements?

Pour les placements volontaires, une demande d'admission formée par quelque personne que ce soit, un parent ou un ami de l'aliéné; un certificat de médecin constatant l'état mental de la personne à placer, indiquant les particularités de sa maladie et la nécessité de la faire traiter dans un asile d'aliénés; un passeport ou toute autre pièce propre à constater soi-disant l'individualité de cette personne, constituent les seules conditions auxquelles la loi a subordonné l'admission dans un asile d'une personne présentée comme aliénée. Et il est à remarquer que les dispositions qui fixent ces conditions sont communes aux établissements publics et aux établissements privés. C'est-à-dire que le législateur n'a pas cru devoir se montrer plus exigeant vis-à-vis des établissements créés par l'Etat, uniquement dans l'intérêt de l'ordre public ou des familles et administrés par ses agents, qu'à l'égard des établissements fondés par des particuliers qui constituent une véritable entreprise commerciale. — Il n'est pas douteux, en effet, que si une pensée philanthropique et humanitaire a pu présider à la création de quelques-uns de ces derniers établissements, il ne faut voir dans la fondation de tous les autres qu'une idée de négoce et de spéculation. La prudence commandait dès lors de se mettre en garde contre la tendance que pourraient avoir certains directeurs à montrer une facilité trop grande pour les admissions, dans lesquelles ils seraient tentés de ne voir qu'un moyen de grossir le nombre de leurs pensionnaires et d'augmenter le chiffre de leurs affaires.

Quoi qu'il en soit, les conditions que la loi exige pour les placements sont-elles de nature à empêcher ou un crime ou une erreur? — Ce n'est certainement pas de la précaution qu'elle a prise, d'exiger que la demande d'admission soit écrite et signée par la personne qui sollicite le placement, que l'on peut sérieusement attendre ce résultat. Car, ou cette personne est de bonne foi et croit sincèrement que le placement pourra être utile à celui qui doit en être l'objet, ou bien elle agit dans un but coupable. Dans la première hypothèse, elle ne peut pas hésiter à écrire et à signer une demande qu'elle considère comme une bonne action et, en cas d'intention mauvaise, elle ne recule pas davantage devant l'accomplissement de cette condition, parce qu'elle croit à l'impunité, persuadée qu'elle est que sa responsabilité est couverte par le certificat du médecin, qu'elle est parvenue à se procurer. Ce certificat de médecin est la seule pièce importante dont la loi exige la production : elle est la base et la raison déterminante du placement. La liberté d'un homme et sa capacité civile dépendent, par conséquent, d'un médecin, le premier jeune homme venu, qui parfois sera tout récemment pourvu de son diplôme de docteur, et peut-être n'aura même jamais vu d'aliénés. — Que ce médecin soit recommandable par l'honorabilité de son caractère, qu'il présente des garanties au point de vue de la capacité, le législateur ne s'en est pas soucié, il n'a même pas exigé que son existence soit régulièrement constatée par la légalisation de sa signature. Bien plus : « Par une étrange lacune de cette loi, fait remarquer M. Paul Girard dans son intéressante étude, l'article ne s'occupe pas de la parenté ou de l'alliance de l'auteur du certificat avec la personne à séquestrer, de sorte qu'un médecin pourrait très légalement, en faisant faire la demande par un tiers ou un parent à plus de deux degrés, faite interner son père, sa femme ou son fils[1]. »

Sans aller jusqu'à supposer la malhonnêteté chez le médecin appelé à rédiger le certificat, ne peut-on pas craindre qu'il se laisse aller, un peu précipitamment, à prendre pour une maladie sérieuse ce qui n'est peut-être qu'une agitation passagère, ou même qu'il n'ait parfois l'incroyable légèreté de signer des certificats médicaux constatant la folie, sans avoir vu le malade? Qu'on ne croie pas à une exagération de notre part, ce fait a été reconnu dans l'enquête faite en 1869, et nous avons eu entre les mains un certificat émanant d'un médecin honorable ainsi conçu : « D'après les faits parvenus à ma connaissance et sur le témoignage de personnes en qui je dois avoir toute confiance, j'atteste que M. X... est fou. » Quoi qu'il en soit, dans tous les cas, quelques lignes rédigées à la hâte par un médecin, après un examen superficiel de la personne qui lui est présentée comme folle, suffiront

----

[1] *Revision de la loi sur les aliénés,* par Paul Girard. *Revue critique de législation et de jurisprudence,* 1883, p. 212.

pour rendre légal l'internement de cette dernière dans un asile d'aliénés. Et la séquestration est un fait accompli, que le médecin se soit trompé par ignorance, ou bien qu'il ait été de connivence coupable avec la personne qui a opéré le placement. Cette dernière supposition, nous le croyons, n'a en fait jamais été justifiée, mais nulle profession, même la plus honorable, ne doit être à l'abri du soupçon et le devoir du législateur eût été de tout prévoir.

Cette insuffisance de garanties n'avait pas échappé aux auteurs de la loi de 1838, et l'on avait proposé de soumettre les placements volontaires, comme les placements d'office, à l'autorisation préfectorale ; mais cette proposition avait été écartée afin de laisser à la famille toute la responsabilité du placement et aussi dans la crainte de retarder, par l'obligation de cette formalité, le prompt traitement de l'aliéné. Cette préoccupation s'est imposée trop impérieusement et au détriment de la liberté individuelle : « Nous n'avons pas voulu faire une loi judiciaire, disait M. Vivien, en 1837, nous n'avons pas voulu imposer des formalités désastreuses et onéreuses. Nous avons considéré d'abord l'intérêt du malade, parce que c'est dans cet intérêt que la loi est faite. » Ces quelques mots du rapporteur de la loi à la Chambre des députés expliquent la simplification des formalités, mais ne peuvent suffire à la justifier.

Les placements d'office n'offrent guère plus de garanties que les placements volontaires, peut-être moins, puisque le préfet peut faire interner un soi-disant aliéné, même sans certificat médical. C'est là pour l'autorité administrative un pouvoir absolu, dégagé de toute espèce de contrôle et qui n'est susceptible d'aucune voie de recours. Il suffit que l'administration pense ou veuille croire qu'un fou, si doux, si calme qu'il paraisse, peut à un moment donné devenir dangereux pour qu'elle se croie autorisée à ordonner l'internement de l'aliéné le plus inoffensif. Et cette interprétation, si périlleuse pour la liberté des citoyens, la loi l'a rendue possible par les termes vagues dont elle s'est servi pour indiquer les cas dans lesquels l'autorité publique pourrait ordonner d'office le placement d'un aliéné : l'art. 19 autorisant les préfets à considérer comme dangereux et à faire interner comme tel tout aliéné pouvant apporter à l'ordre public un trouble présent ou futur, et cela, nous l'avons dit, sans même qu'un médecin soit nécessairement appelé à constater avant l'internement la réalité de la folie.

A l'heure actuelle, ces critiques ont du reste d'autant plus de force que la suppression des inspecteurs généraux, en privant les asiles d'aliénés de toute surveillance, a eu pour effet, comme nous le verrons plus loin, de mettre les fonctionnaires de ces établissements à la merci du préfet et de faire de ce dernier le maître absolu de ces maisons de traitement.

Mais, dira-t-on, la vérité ne tardera pas à se faire jour si l'interné n'est pas réellement atteint de folie, et, en supposant que la loi se soit montrée trop facile pour les admissions, elle a du moins prescrit des mesures qui permettent de s'assurer de la légitimité d'un placement et d'obtenir sans retard l'élargissement d'un aliéné, si son internement est reconnu illégal ou inutile.

Il est bien vrai que les art. 9, 10 et 11 créent tout un ensemble de formalités, telles que l'envoi au préfet d'un certificat du médecin de l'établissement dans les vingt-quatre heures et dans la quinzaine du placement; telles que notification, au procureur de la République, des noms, profession et domicile tant de la personne placée que de celle qui a demandé le placement; mais toutes ces formalités ne sont-elles pas illusoires? L'émotion causée par l'arrivée dans l'asile n'est-elle pas de nature à causer des troubles intellectuels, difficiles à distinguer, au premier abord, de l'aliénation mentale?

Comme le dit M. Girard, « la loi essaie bien de suppléer par des garanties postérieures à l'arbitraire du placement, mais toutes ces garanties ont un défaut commun : c'est de venir après l'incarcération au lieu de la précéder, de n'arriver que lorsque un préjugé existe déjà contre l'individu séquestré, quand, selon l'expression de M. Salverte, la présomption est contre lui[1]. »

Quelle peut être, en effet, la valeur du certificat que le médecin de l'établissement a dû établir dans les vingt-quatre heures de l'arrivée du malade, c'est-à-dire avant qu'il ait eu le temps d'examiner sérieusement le sujet et qu'il ait pu se faire une conviction raisonnée sur son véritable état; ce certificat ne peut être et n'est en fait, le plus souvent, que la paraphrase de celui qu'a dressé le médecin qui a prescrit le placement. Supposons qu'il s'agisse d'un individu séquestré arbitrairement; il est impossible qu'il n'apparaisse pas au médecin de l'établissement, comme à tout le monde, dans un état d'excitation anormale, alors qu'il vient d'être violemment enlevé de son domicile et jeté dans un asile d'aliénés.

La disposition de l'art. 9 qui prescrit au préfet de charger des hommes de l'art de visiter les personnes admises dans les établissements privés dans les trois jours de leur placement, est sujette à la même critique; peut-être même ceux-ci sont-ils encore moins bien placés

---

[1] Paul Girard, *Revision de la loi sur les aliénés, loc. cit.*

que le médecin de l'établissement dans les asiles publics, pour apprécier exactement l'état mental du malade; car ils arriveront auprès de la personne qu'ils ont à examiner avec une prévention d'autant plus forte qu'elle aura pris naissance sur le vu de deux certificats préexistants, l'un, le certificat d'admission, l'autre émanant du médecin de la maison privée où se trouve interné le malade.

Quant au certificat de quinzaine, la garantie qu'il présente n'est guère plus sérieuse, car s'il faut en croire les propres paroles d'un ancien interne des asiles d'aliénés, M. Thulié : « Pour beaucoup de médecins, tout homme entré dans une maison d'aliénés est aliéné; si la maladie ne se montre pas d'abord, on attend qu'elle apparaisse; c'est à l'individu séquestré de prouver qu'il jouit de sa raison, et, quoique cela paraisse singulier, j'affirme que cela est fort difficile. Le certificat de quinzaine, alors rédigé avec une prudence extrême, ne dit rien, mais n'affirme pas la raison, jamais, jamais. »

Faut-il attendre un meilleur résultat de la notification qui est faite, en cas de placement volontaire comme en cas de placement d'office, au procureur de l'arrondissement où est situé l'établissement ainsi qu'à celui du domicile de la personne placée? Nous ne le pensons pas : ces deux magistrats, que la loi charge de s'enquérir des causes de l'internement, ne pouvant obtenir la plupart du temps que des renseignements insuffisants par suite du secret dont les familles entourent le placement de leurs malades.

Du reste, comme le déclare M. Huc, ancien professeur de droit à la Faculté de Toulouse : « Si les procureurs sont informés par la rumeur publique ou une dénonciation de la séquestration d'un citoyen faussement présenté comme fou, ils agiront énergiquement pour faire cesser et punir un tel crime; dans ce cas, la signification administrative est inutile. Si, au contraire, les procureurs ne sont informés d'aucune circonstance particulière, de nature à éveiller leur attention, la notification passera dans les cartons du parquet et y demeurera [1]. »

Il ne faut pas attendre plus d'effet de la disposition contenue dans l'art. 20, qui prescrit aux directeurs d'asiles d'aliénés d'adresser tous les six mois, au préfet de leur département, un rapport sur l'état de chaque personne internée, sur la nature de sa maladie et le résultat du traitement; l'autorité administrative étant investie par ce même article du droit d'ordonner la sortie immédiate de tout aliéné sur le vu de ce rapport. — Les garanties qui résultent des prescriptions de cet article sont, en effet, plus apparentes que réelles, car, dans la pratique, le document que reçoivent les préfets consiste dans un relevé banal, un état dressé en bloc de toutes les personnes retenues dans un établissement. Cet état ne saurait être l'objet d'un examen sérieux de la part de l'autorité administrative, lorsqu'il s'agit surtout d'établissements qui possèdent des aliénés en nombre considérable.

SECTION III

RÉFORMES ET DROIT ÉTRANGER

Les projets en préparation font droit à la plupart des critiques que nous venons de formuler contre la loi du 30 juin 1838. Ils ne diffèrent, du reste, entre eux que par

(1) Huc, *Des aliénés et de leur capacité civile,* p. 20.

des points de détails. La réforme capitale, sur laquelle tous sont d'accord, consiste dans la nécessité d'une décision judiciaire, pour rendre définitif tout placement d'un aliéné dans un asile.

Cette intervention de l'autorité judiciaire, qui existe aujourd'hui dans presque toutes les législations modernes, est du reste conforme aux principes de notre droit, qui confie au seul pouvoir judiciaire la garde de la liberté individuelle : « S'il y a un principe fondamental dans notre droit civil, disait, en 1838, Odilon-Barrot, à la Chambre des députés, c'est qu'on ne peut toucher à la personne et à la propriété des citoyens que par des actes de justice... Le droit, dans ce pays, est qu'on ne peut toucher ni à la personne ni à la propriété, qu'en vertu d'actes judiciaires, d'actes de juridiction régulière. Je conçois très bien que les préfets et l'administration puissent, par mesure de sûreté publique, disposer provisoirement de la liberté d'un citoyen, le mettre hors d'état de nuire à autrui ; mais cela ne peut être jamais là qu'une mesure provisoire, une mesure de conservation qui, pour se convertir en une sorte de détention prolongée, a besoin de la sanction judiciaire. Eh bien ! Je voudrais que la mesure conservatoire appartînt toujours à l'administration, mais qu'elle ne pût jamais se prolonger qu'après une décision de l'autorité judiciaire. Je crois que c'est là un principe qui doit servir de base à votre loi, et que, si vous permettez qu'une détention puisse se prolonger indéfiniment, même pour cause d'insanité, en vertu d'un simple acte d'administration, vous portez atteinte à un principe fondamental dans notre droit... Je ne connais pas de supplice plus grand que celui d'un homme qui est traité comme fou et insensé, quand il a, cependant, la conscience qu'il est privé injustement de sa liberté. Ce sera un supplice affreux; ce supplice vous le livrez au hasard d'une surveillance incomplète de la part de l'administration, au hasard de son mauvais vouloir, au hasard même de ses préventions. Vous livrez la liberté individuelle à la discrétion de l'administration pour un cas donné, tandis que, dans nos lois et dans notre droit, la liberté des personnes est placée sous la sauvegarde de la justice, et que, jamais, dans aucun cas, on ne peut en disposer sans l'intervention de la justice. Verriez-vous de grands inconvénients à ce que l'administration pût envoyer, dans les établissements de fous. un citoyen, provisoirement, parce qu'il est furieux, parce qu'il compromet la sûreté publique, mais que, dans les vingt-quatre heures, dans un délai déterminé, les magistrats réguliers qui représentent la justice du pays fussent obligés de se transporter dans cet établissement et de sanctionner, d'une manière définitive, la mesure provisoire de l'administration? Ce seraient là les véritables principes; de cette manière, on satisfait à la fois à la sûreté publique et aux garanties individuelles [1]. »

Les scrupules, qu'en 1837, Odilon-Barrot soumettait à la Chambre dans ces termes énergiques, sont aujourd'hui l'objet de toutes les préoccupations, et justifient pleinement la nécessité de l'intervention de l'autorité judiciaire dans le placement des aliénés, intervention qui constitue le fondement même de tous les projets de réforme proposés jusqu'à ce jour.

La nécessité de l'intervention de l'autorité judiciaire, une fois admise, sous quelle forme devra-t-elle se produire? Sera-t-elle préalable à l'admission de l'aliéné ou, au con-

---

[1] Chambre des députés, séance du 16 avril 1837, *Moniteur* du 17.

traire, n'interviendra-t-elle qu'après l'entrée de l'aliéné à l'asile, se bornant ainsi à sanctionner et à rendre définitif le placement de l'aliéné jusqu'à ce moment seulement provisoire?

La plupart des législations étrangères de date récente et des projets en préparation, admettent ce second système, estimant que la nécessité de l'intervention de l'autorité judiciaire, préalable au placement, aurait pour inconvénient de retarder le traitement de l'aliéné et, par suite, serait incompatible avec les nécessités de la pratique.

En Angleterre, la législation relative aux aliénés est très confuse, bien que sur certains points elle soit supérieure à la nôtre. Les conditions d'admission dans les asiles diffèrent suivant qu'il s'agit d'aliénés riches pouvant payer pension (private lunatics) ou d'aliénés indigents (pauper lunatics). Les premiers, encore appelés « aliénés du lord chancelier » correspondent aux aliénés interdits, les seconds aux aliénés ordinaires. Les aliénés du lord chancelier sont admis dans cette catégorie à la suite d'une procédure longue et coûteuse appelée « inquisition, » ou sans procédure, mais alors, par décision spéciale du lord chancelier. La demande en interdiction est adressée à la Chancellerie et communiquée au malade qui peut confier sa défense à un avocat, citer des témoins et même exiger la convocation d'un jury. Si le malade ne réclame pas cette convocation de jury, le jugement est rendu par deux « master, » fonctionnaires judiciaires qui exercent avec les trois « visitors » ou inspecteurs, les fonctions conférées au lord chancelier. La décision de ces deux « master, » comme du reste celle du jury, au cas où l'aliéné a préféré ce dernier mode de constatation, sont rendues après enquêtes et sont toujours susceptibles d'appel.

Quant aux aliénés indigents (pauper lunatics), ils sont admis à l'asile sur le vu d'un certificat dressé par deux médecins. En cas d'urgence, c'est le juge de paix qui ordonne d'office l'internement; mais il est à remarquer qu'en Angleterre ces fonctionnaires réunissent en leurs mains la plupart des fonctions judiciaires et administratives locales.

La législation écossaise est plus unifiée et plus complète que celle de l'Angleterre. A la différence de ce qui se passe dans ce dernier pays, ce sont les tribunaux ordinaires qui prononcent l'interdiction; il n'y a d'ailleurs rien qui corresponde à la classe spéciale des aliénés de la Chancellerie.

Que ce soit un placement volontaire ou un placement d'office, une ordonnance du schériff est indispensable pour obtenir l'admission. Ce magistrat se prononce sur le vu de deux certificats médicaux. En cas d'urgence, un seul certificat médical suffit pour le placement, mais ce placement est essentiellement provisoire; il n'a de valeur que pendant trois jours, délai pendant lequel doivent être remplies les formalités voulues et doit être obtenue l'ordonnance de placement prolongé [1].

En Autriche-Hongrie il n'y a pas de loi spéciale sur les aliénés; des statuts et des ordonnances ou arrêts en tiennent lieu. Le certificat médical produit pour obtenir l'admission doit être délivré par le médecin de la famille ou contresigné par lui. Dans les trois semaines qui suivent le placement, l'aliéné est soumis à l'examen d'une commission composée d'un conseiller et deux médecins de la Cour d'assises dont la décision est sans appel. — Les pla-

---

[1] Foville, *La législation relative aux aliénés en Angleterre et en Ecosse.*

cements d'office sont faits par le bourgmestre sur certificat médical, mais, comme pour les placements volontaires, l'admission, pour devenir définitive, doit être confirmée par une décision de l'autorité judiciaire [1].

Aux Etats-Unis la législation manque d'unité, chaque Etat a une loi spéciale. A signaler, toutefois, la législation du Massachusetts, de date récente, 1883, qui exige, pour l'admission des aliénés, une décision judiciaire rendue par les juges, après examen personnel du malade et sur le vu de deux certificats émanant de médecins établis dans l'Etat depuis plus de trois ans; en cas d'hésitation de la part des magistrats sur la réalité de la folie ou la nécessité de l'internement, ceux-ci donnent l'ordre au schériff de réunir un jury de six membres qui prononce sans appel.

En Italie, qu'il s'agisse d'un placement d'office ou d'un placement volontaire, c'est le préfet qui prend la décision de l'internement provisoire; après quinze jours d'observation du malade, l'autorité judiciaire prononce le placement définitif [2].

Hollande. De toutes les législations étrangères relatives aux aliénés, la loi hollandaise nous paraît de beaucoup la plus parfaite. Cette loi, votée le 7 mai 1884, consacre le principe de l'intervention de l'autorité judiciaire, aussi bien pour l'internement provisoire que pour le placement définitif, et nous semble ainsi accorder à la liberté individuelle les plus sérieuses garanties, sans pour cela retarder le traitement des malades. — La demande de placement peut être formée auprès du juge de paix par tout parent de l'aliéné en ligne directe ou collatérale,

---

(1) *Annuaire de législation étrangère,* 1876.
(2) *Annales médico-psychologiques.*

jusqu'au troisième degré inclusivement. Au cas où l'aliéné est dangereux et si les parents n'interviennent pas, c'est l'officier de justice, près le tribunal d'arrondissement, qui forme cette demande. Le juge de paix dans les communes ou le président du tribunal dans les villes statuent, soit immédiatement sur le vu du certificat médical joint à la demande, soit après examen personnel du soi-disant aliéné. Pendant les quinze premiers jours de son admission, le médecin de l'établissement fait un rapport journalier sur son état. Pendant les six mois qui suivent, ce rapport n'est plus rédigé que toutes les semaines, et ensuite tous les mois seulement. — Dans tous les cas, l'internement autorisé par le juge de paix ou le président du tribunal n'est jamais que provisoire; il ne devient définitif que par une décision du tribunal du lieu où est situé l'asile, décision qui doit intervenir dans un délai de quatre semaines après le placement [1].

Les autres législations étrangères ne contiennent que des dispositions sans intérêt au sujet de notre matière, nous ne nous y arrêterons donc pas.

Cet aperçu de l'état actuel des différentes législations étrangères, dont les dispositions relatives au placement des aliénés nous ont paru particulièrement intéressantes, nous permettra de mieux apprécier l'étendue des réformes proposées en France, et les progrès qui seraient ainsi réalisés.

Les projets en préparation, nous l'avons dit, attribuent à l'autorité judiciaire la décision du placement : ils édictent que la séquestration ne deviendra définitive que par une ordonnance de justice, et consacrent ainsi le principe de l'internement provisoire.

(1) *Annuaire de législation étrangère.*

Comme la loi actuelle, la proposition de revision reconnaît qu'en cas de placement volontaire, la demande peut être formée par un étranger, mais elle lui impose l'obligation d'indiquer la nature des relations qui existent entre lui et le malade ; elle exige, en outre, que le certificat médical, qui suffit actuellement, soit remplacé par un « rapport » qui deviendra une véritable consultation, puisqu'il devra s'expliquer, en termes précis, sur les résultats de la visite qu'aura faite le médecin certificateur au malade, en présence du juge de paix, du maire ou du commissaire de police. Ce document devra caractériser les symptômes et les faits observés personnellement par le signataire et constituant la preuve de la folie : il devra, en outre, exposer les motifs d'où résulte la nécessité de faire traiter le malade dans un établissement d'aliénés et de l'y tenir enfermé. — Comme supplément de garantie, ce rapport ne pourra être admis, « s'il a été dressé plus de huit jours avant la remise au chef responsable de l'établissement, s'il est l'œuvre d'un médecin attaché à l'établissement, ou si l'auteur est parent ou allié, au second degré inclusivement, du chef responsable ou du propriétaire de l'établissement ou des médecins qui y sont attachés, ou de la personne qui doit effectuer le placement, ou de la personne à placer. » En cas d'urgence, le malade est admis sur un certificat sommaire (non plus sans certificat comme sous la loi de 1838), et le médecin certificateur est tenu, dans le délai de deux jours, de produire un rapport médical.

Les projets n'admettent pas le double certificat médical. On a objecté qu'en Angleterre où il est exigé, ce sont de jeunes médecins sans clientèle qui font profession de mettre leur signature au bas des rapports rédigés par leurs confrères. Il est donc permis de dire qu'en dehors des difficultés pratiques qu'il soulèverait, principalement dans les campagnes, ce surcroît de précautions, un peu blessant pour le médecin, n'augmenterait pas sensiblement les garanties auxquelles a droit le malade.

Le passeport exigé par la loi de 1838 pour établir l'identité de l'aliéné est remplacé par l'acte de naissance ou de mariage. Ces pièces ne nous paraissent pas devoir constituer une garantie beaucoup plus efficace que le passeport. Le rapport médical, au contraire, qui contient le signalement précis de la personne à placer et du genre de folie dont elle est atteinte, nous semble à lui seul, mieux qu'aucune autre pièce, devoir empêcher toute substitution de personne.

Après l'accomplissement de ces formalités, le malade est admis à l'asile et placé dans un quartier spécial d'observation. Dans les vingt-quatre heures de son arrivée, le médecin de l'établissement rédige un certificat, pièce qui, jointe au rapport médical et à la copie de la demande d'admission, est aussitôt transmise au préfet et au procureur de la République, tant du domicile du malade que du lieu de l'établissement.

Quinze jours après le placement, un nouveau certificat circonstancié du médecin de l'établissement est fourni au préfet et au procureur de la République.

Le procureur transmet alors, avec les pièces, ses réquisitions écrites au président qui statue par simple ordonnance.

C'est à partir de cette ordonnance que l'internement prend un caractère définitif et que le malade, retenu jusqu'alors dans un quartier d'observation, est porté et inscrit sur le registre ou répertoire des pensionnaires de l'établissement.

Telle est la principale innovation du projet : l'intervention de la justice et la décision du magistrat qui ratifie le placement jusque-là provisoire.

Cette mesure ne paraît pas encore suffisante, et si, par l'examen des pièces qui lui sont soumises, le président vient à concevoir des doutes, si une opposition à l'internement est formée par l'aliéné lui-même, par un parent ou par un ami, le Tribunal est appelé à statuer en Chambre du conseil.

Il faut reconnaître que cette procédure réunit un ensemble de précautions de nature à rassurer contre le danger des séquestrations arbitraires ou simplement imprudentes. Cependant, le projet du Gouvernement et le projet de la commission du Sénat réclamaient encore une autre mesure qui a disparu du projet soumis à la Chambre.

Ils prescrivaient que, dans le délai de trois ou de cinq jours de l'avis du placement, le procureur de la République ou le juge de paix par lui délégué, se transporterait dans l'établissement pour y interroger le malade.

Cette prescription était de la plus haute importance. Elle constituait l'élément essentiel de la procédure inaugurée. Le président statuait sur les documents, les rapports et certificats après que le procureur de la République lui avait adressé ses conclusions, mais le magistrat du parquet ne les formulait qu'après avoir par lui-même, ou par son délégué, entendu le malade.

N'y a-t-il pas lieu de revenir à cette formalité et de la consacrer définitivement?

Si l'on remet à l'autorité judiciaire la décision de placement, il semble logique qu'elle n'intervienne qu'après que le malade aura été visité par un magistrat.

On conteste l'utilité de cette visite. Quel sera le rôle de

l'officier du ministère public? Discutera-t-il le diagnostic du médecin? Opposera-t-il son avis à celui de l'homme de l'art? Aura-t-il la prétention de disputer le malade à l'aliéniste qui seul peut apprécier son état?

Ces objections ne nous paraissent pas fondées.

« A l'avenir, le rapport médical devra préciser les symptômes et les faits observés par le rédacteur et constituant la preuve de la folie : ceci est l'affaire du médecin et rentre dans son domaine exclusif; personne autre qu'un médecin ne peut intervenir pour contester la valeur de ce diagnostic. Mais le rapport doit aussi indiquer les motifs d'où résulte la nécessité de faire traiter le malade dans un établissement d'aliénés et de l'y tenir enfermé. Sur ce dernier point, le concours et la présence du magistrat sont d'une incontestable utilité. Il importe de rechercher si la situation de l'individu n'est pas telle qu'on puisse trouver dans son entourage, dans sa famille, dans l'assistance et dans la surveillance d'un parent ou d'un ami, les conditions et les garanties d'isolement et de traitement qui présenteraient les mêmes avantages que l'internement dans un asile. Ce n'est pas le médecin qui peut se livrer, à cet égard, à des investigations et à une enquête utiles : ce n'est pas lui davantage qui peut contrôler la valeur des allégations qu'on a produites pour le déterminer à conclure au placement[1] ».

Cet interrogatoire est d'autant plus utile que les asiles sont ouverts, non seulement aux aliénés dont la folie est confirmée, aux démens et aux furieux, mais encore à d'autres sujets, et, le vœu des médecins serait même qu'on y fît entrer de préférence ceux dont le désordre mental ne

____

(1) Pain, discours de rentrée. Bourges, 1896.

s'accuse encore que par ses premières manifestations. C'est surtout le malade de cette dernière catégorie que le magistrat a intérêt à visiter et à étudier.

D'autre part, d'où pourraient venir au président et au procureur des doutes et des soupçons qui autoriseraient le magistrat à saisir la Chambre du conseil, pour provoquer un nouvel examen et une enquête plus complète, si aucun d'eux n'a vu le malade dont l'interrogatoire seul peut faire naître ces soupçons et ces doutes?

Il faut observer d'ailleurs que cette ordonnance ne pourra intervenir que vingt jours environ après l'internement. En effet, aux termes de l'art. 19 du texte adopté par le Sénat, qui devient l'art. 18 du texte proposé à la Chambre, le président devra attendre pour statuer qu'il ait reçu le rapport de quinzaine du médecin de l'établissement, qui lui sera transmis avec les conclusions du ministère public. Il s'écoulera donc un délai forcé de quinze à vingt jours au moins, si l'on tient compte du temps nécessaire aux correspondances et aux transmissions pendant lequel le malade restera en attente, sans connaître son sort, sans être entendu s'il a des griefs à produire, sans savoir même, puisque personne n'est là pour le lui apprendre, qu'il a le droit, inscrit dans le projet, de saisir la Chambre du conseil de son opposition.

Il peut résulter de cette situation que, à l'heure où le président sera appelé à statuer, le malade sera peut-être élargi déjà, et ce sera précisément le cas de ceux dont l'internement aura été poursuivi dans un but de fraude. Le chef de l'établissement constatant que le sujet qu'on lui a amené a été l'objet d'un diagnostic erroné ou exagéré, refusera de le garder et prendra les mesures nécessaires pour le rendre à la vie libre.

Enfin, il peut suffire à l'individu, qui a demandé le placement, d'un internement de quelques jours pour atteindre le résultat coupable qu'il recherche. Pendant ce délai, il a écarté du foyer le père ou le mari, il l'a enlevé à ses affaires, il l'a mis dans l'impossibilité d'agir.

Aucun de ces inconvénients ne peut se présenter si, dans un délai de trois à cinq jours, le malade est entendu par un magistrat. Cette visite, qui donnera seule du poids aux conclusions du procureur de la République, rassurera plus complètement la conscience du président. Elle engagera une responsabilité formelle et directe : elle sanctionnera la valeur de l'ordonnance, qui, sans cette mesure, ne sera qu'une sorte de décision par défaut contre le malade.

Les propositions de réforme soumettent les placements d'office aux mêmes formalités que les placements volontaires : ils ne deviennent définitifs que par l'ordonnance du président. L'initiative de l'internement provisoire est laissée aux préfets, mais désormais ils ne pourraient prendre cette mesure sans qu'un certificat médical vienne constater la réalité de la folie.

CHAPITRE III

DU SÉJOUR DES ALIÉNÉS DANS LES ASILES

SECTION I

SYSTÈME DE SURVEILLANCE ÉTABLI PAR LA LOI DE 1838

La surveillance des établissements d'aliénés est organisée par l'art. 4 de notre loi de 1838. Aux termes de cet article : « Le préfet et les personnes spécialement déléguées à cet effet par lui ou par le Ministre de l'intérieur, le président du tribunal, le procureur du roi, le juge de paix, le maire de la commune, sont chargés de visiter les établissements publics ou privés consacrés aux aliénés. Ils recevront les réclamations des personnes qui y seront placées, et prendront, à leur égard, tous renseignements propres à faire connaître leur position. Les établissements privés seront visités à des jours indéterminés, une fois au moins chaque trimestre, par le procureur du roi de l'arrondissement, les établissements publics le seront de la même manière, une fois au moins par semestre. »

Ce qui frappe tout d'abord dans les dispositions de cet article, c'est que le contrôle qu'il établit n'est obligatoire que pour le procureur de la République, seul ; pour toutes les autres personnes énumérées par la loi, la surveillance des asiles est une pure faculté, dont ils usent, du reste, rarement en pratique. Aussi est-on en droit de se demander si cela est suffisant, et si des visites faites, de loin en loin, par des magistrats absorbés par d'autres soucis, sont une garantie efficace pour les aliénés.

Dès les premières années d'application de la loi, le Gouvernement s'aperçut du peu de garantie que présentait ce contrôle organisé par l'art. 4, et s'efforça d'y remédier en complétant le service de surveillance ainsi établi, par la création d'une inspection générale, composée d'hommes techniques et destinés à parcourir tous les établissements de France. Cette inspection générale, créée par un décret du 23 novembre 1848, a existé jusqu'en 1879. Elle avait rendu de grands services, et, comme l'a déclaré un ancien directeur de l'administration départementale, M. de Crisenoy, tout ce qui s'est fait de bien relativement à la construction des asiles, au recrutement du personnel et aux règlements intérieurs, est dû à l'initiative de cette inspection. Ces inspecteurs généraux, au nombre de trois pour toute la France, étaient, en effet, tous médecins et choisis parmi les aliénistes les plus éminents, et partant les plus compétents en la matière ; aussi, leur contrôle pouvait-il être à la fois médical et administratif, et portait sur tous les objets intéressant les aliénés, les placements effectués, le fonctionnement du régime curatif, l'abondance et la qualité de la nourriture, la conduite des employés de l'asile, l'observation régulière des prescriptions légales.

Tel était le rôle si important et si efficace de l'inspection générale des établissements d'aliénés : les avantages qu'elle offrait concernaient peut-être moins les aliénés eux-mêmes que l'organisation du service, mais il est évident que ceux-ci en profitaient, l'amélioration de leur sort dépendant, pour beaucoup, des perfectionnements apportés dans le fonctionnement du service des asiles ; et la capacité

professionnelle, ainsi que l'honorabilité du personnel dirigeant, constituant une des plus sûres garanties de la sauvegarde de la liberté individuelle. On comprend difficilement après cela comment cette institution des inspecteurs
généraux des asiles d'aliénés a pu disparaître, et pourquoi
le Gouvernement a laissé échapper un instrument aussi
utile.

Quoi qu'il en soit, le régime de l'art. 4 de la loi de 1838
est le seul qui subsiste, et nous pouvons le dire dès maintenant, il est incontestable, comme nous le montrerons
dans notre section suivante, que le contrôle facultatif qu'il
établit est impuissant à créer une surveillance efficace et
sérieuse des établissements d'aliénés.

Le Ministre de l'intérieur use bien encore, parfois, il
est vrai, du droit que lui confère l'art. 4 de déléguer certaines personnes pour visiter les établissements d'aliénés,
mais ces inspecteurs, pris dans les services administratifs
du ministère de l'intérieur, ne sont pas médecins, n'ont
aucune compétence spéciale et constituent, dans les cas
du reste très rares où le ministre les délègue, une garantie
purement illusoire.

En fait donc, à l'heure actuelle, le procureur de la
République, de toutes les personnes désignées par l'art. 4,
est le seul qui visite réellement les asiles d'aliénés. Son
rôle, au cours de ces visites, se borne à recevoir les réclamations des internés et à prendre à leur égard tous les
renseignements propres à faire connaître leur situation.

Par suite de la suppression du service des inspecteurs
généraux et de la non-exécution, par les personnes qui en
sont chargées, de la surveillance établie par l'art. 4, tout
contrôle administratif et médical a donc disparu pour les
établissements d'aliénés, et un directeur d'asile peut laisser

ses malades manquer du nécessaire sans trouver personne pour le rappeler au devoir ; le procureur de la République, dans ses visites, trimestrielles pour les établissements privés, et semestrielles pour les établissements publics, étant seulement chargé de s'assurer que les personnes séquestrées ne sont pas indûment retenues à l'asile.

La seule utilité appréciable de ces visites réside dans la vérification du registre dont la tenue, dans tout établissement d'aliénés, est exigée par l'art. 12 de la loi de 1838, article que nous avons eu déjà l'occasion de mentionner dans notre chap. II, consacré aux placements. Ces registres, nous l'avons déjà vu, contiennent : « Les noms, profession, âge et domicile des personnes qui ont été placées et de celles qui ont opéré le placement ; la copie du certificat du médecin qui a servi à l'entrée, et celle des autres certificats adressés au préfet, à la suite de l'admission par le médecin de l'établissement ; la copie de tous les ordres du préfet qui sont intervenus à l'égard de chacun des pensionnaires de l'asile, c'est-à-dire les ordres relatifs à l'entrée, la maintenue dans l'établissement ou la sortie ; — la mention de toutes les sorties et décès ; — enfin, les constatations mensuelles qui doivent être faites sur le registre, par le médecin de l'établissement, des changements survenus dans l'état mental de chaque malade. » Comme le dit M. Tanon, dans son Etude critique de la loi du 30 juin 1838 sur les aliénés, ces registres contiennent donc des renseignements en grand nombre qui en font le tableau fidèle de l'intérieur de l'asile, quant aux personnes qui y sont retenues, et qui permettent d'embrasser d'un coup d'œil rapide l'ensemble des aliénés séquestrés, d'apprécier sommairement leur situation mentale et de connaître les mesures qui ont été prises à leur égard.

Ce registre dont la vérification est assurée par le visa
et, s'il y a lieu, les observations que le procureur de la
République doit y apposer après chaque visite, est, sans
contredit, une garantie sérieuse de la liberté individuelle :
« Car il est incontestable, comme le dit encore M. Tanon,
qu'un contrôle sérieux prévient les abus par la crainte
qu'il inspire, et en amène la répression lorsqu'ils viennent
à se produire. L'appréhension seule de ce contrôle suffira
souvent à détourner d'une coupable complaisance un chef
d'établissement qui, sans cette crainte, n'aurait peut-être
pas l'énergie voulue pour résister [1]. »

Le traitement médical des aliénés et les soins constants
dont ils doivent être l'objet, pendant leur séjour à l'asile,
sont assurés par le règlement du 20 mars 1857, qui est
venu suppléer à l'insuffisance de l'art. 7 de la loi du
30 juin 1838, qui laissait à chaque établissement d'aliénés
le soin d'élaborer, sauf autorisation, son règlement intérieur. Il régit tous les établissements publics ou faisant
fonctions d'asiles publics, et ses principales dispositions sont
même applicables aux asiles privés. Ce règlement oblige
entre autres le médecin en chef de l'asile à visiter chaque
jour les aliénés de toute classe et de toute catégorie, et
constitue par là une bonne garantie de la liberté individuelle, en évitant qu'un malade guéri ne soit retenu à
l'asile, par suite de la négligence du médecin qui, ne visi-
tant pas régulièrement ses malades, n'aurait pu se rendre
compte de l'amélioration de son état. — Les autres dispositions de ce règlement ont pour but d'assurer le traitement
des malades, en confiant la direction de ce traitement au

[1] Tanon, *Etude critique de la loi du 30 juin 1838 sur les aliénés*, **Paris**,
1868.

médecin en chef seul. Ainsi, c'est le médecin en chef qui désigne les aliénés qui doivent travailler et qui fixe le genre de travail auquel ils peuvent être employés. C'est lui seul qui a le droit d'ordonner l'emploi des moyens de contrainte, de prescrire les douches et les bains. A lui seul est encore réservé le droit de fixer et de modifier le régime des malades, sans que les surveillants puissent y apporter aucune modification : bien plus, tout infirmier qui contreviendrait à ses ordres ou maltraiterait un aliéné, devrait être immédiatement révoqué, sans préjudice des poursuites judiciaires qui pourraient être intentées contre lui. Enfin, comme dernière garantie, ce règlement prescrit, aussitôt le décès d'un aliéné à l'asile, sauf opposition écrite des parents, l'autopsie du cadavre par un des médecins de l'établissement qui doit, de plus, en dresser procès-verbal ; dans le cas spécial où le décès proviendrait d'un suicide ou de meurtre, un officier de police devrait être appelé pour constater, avec le médecin, l'état du cadavre et faire une enquête sur les circonstances du décès. — Ainsi donc, si le service des inspections dans les asiles laisse, nous l'avons vu, beaucoup à désirer, il nous faut toutefois reconnaître que le service intérieur est très bien organisé par ce règlement du 20 mars 1857, et qu'il préserve les aliénés de toute négligence à leur égard de la part du personnel de l'asile.

Avant de terminer cette section consacrée au séjour des aliénés dans les asiles, il nous reste à trancher une question assez délicate et qui a soulevé de vives controverses. Les chefs des établissements d'aliénés ont-ils le droit de surveiller la correspondance de leurs malades, c'est-à-dire d'intercepter les lettres qui leur sont adressées ou celles qu'eux-mêmes écrivent. La question ne se pose évidemment pas pour les lettres que les malades écrivent aux représentants de l'autorité administrative ou judiciaire, puisque, aux termes de l'art. 29 de la loi de 1838, « aucunes requêtes, aucunes réclamations adressées, soit à l'autorité judiciaire, soit à l'autorité administrative, ne pourront être supprimées ou retenues par les chefs d'établissements, sous les peines portées au titre III de la loi. » Pour les lettres écrites par des particuliers aux malades internés à l'asile, la réponse ne fait pas de doute non plus, car, le médecin étant seul juge du traitement des aliénés, il est bien évident qu'il peut retenir une lettre adressée à un de ses malades quand il la juge de nature à troubler l'esprit de cet aliéné. La question se pose donc seulement pour la correspondance du malade aux particuliers ; dans ce cas, en effet, le médecin de l'établissement ne peut invoquer, pour retenir ces lettres, les nécessités du traitement, et d'autre part la sauvegarde de la liberté individuelle semble exiger que les réclamations d'un fou ne soient jamais étouffées. Toutefois, la jurisprudence, dont nous partageons l'avis, paraît fixée en sens contraire, et laisse les chefs d'établissements d'aliénés libres de retenir la correspondance de leurs malades, à des particuliers, s'ils estiment que ces lettres, écrites sous l'empire de la folie, peuvent compromettre l'honneur des personnes. C'est du moins ce qui ressort d'un jugement du tribunal d'Angers du 22 juillet 1873, d'après lequel l'art. 29 de la loi du 30 juin 1838, en défendant au chef d'un établissement d'aliénés de supprimer ou retenir les requêtes ou réclamations adressées par les malades à l'autorité judiciaire ou administrative, l'autorise implicitement à supprimer ou retenir toute lettre écrite par eux à une personne privée. Ce jugement fut d'ailleurs confirmé par la Cour d'appel le 6 mars 1874, et par la Cour de cassation le 27 décembre 1875 [1].

Outre le système de surveillance créé par l'art. 4, dans le but d'éviter à l'aliéné guéri un prolongement de séquestration, le législateur de 1838 a mis une voie de recours à la disposition des aliénés pendant leur séjour à l'asile, c'est le recours au président du tribunal, établi par l'art. 29 de la loi du 30 juin 1838, recours que nous examinerons dans la section suivante consacrée à la sortie des aliénés, et qui constitue, à n'en pas douter, une des mesures les plus efficaces qu'ait créée le législateur de 1838 pour la garantie de la liberté individuelle.

SECTION II

CRITIQUES DU SYSTÈME DE SURVEILLANCE ÉTABLI PAR LA LOI DE 1838.

A notre avis, c'est le manque absolu de surveillance des établissements d'aliénés, plus encore que l'insuffisance des formalités exigées en matière de placements, qui, dans l'état actuel, constitue le vice principal de la loi de 1838, vice dont nous avons pu déjà du reste apprécier toute l'étendue, par l'exposé qui précède du système de la loi. Sur ce point cependant on ne peut contester la pureté des intentions du législateur, quand il instituait des commissions de surveillance et qu'il imposait, par l'art. 4, aux préfets, à leurs délégués et aux délégués du Ministre (les inspecteurs généraux), au président du tribunal, au procureur, au juge de paix, au maire, l'obligation de

---

(1) Angers, 22 juillet 1873, D. P. 75, II, 227. — Angers, 6 mars 1874, D. P., *ibid.* — Req. 27 déc. 1875, D. P. 76, I, 66-67.

visiter les asiles, de recevoir les réclamations, etc., et enfin quand, par l'art. 29, il assurait à chaque aliéné le droit de se réclamer du tribunal.

Malheureusement les intentions ne suffisent pas, et on reproche avec raison à la loi de n'avoir pas suffisamment veillé à sa propre exécution : « Le défaut capital de la loi de 1838, écrit M. de Crisenoy, est d'avoir établi un système de surveillance et de contrôle qui n'existe que sur le papier et ne fonctionne pas réellement, et cela pour deux motifs : le premier est qu'on a confié la surveillance à un trop grand nombre de personnes, d'où il résulte qu'aucune d'elles en particulier n'en a la responsabilité, le second, que ne voulant pas faire les frais de cette surveillance, on en a imposé la charge à certains fonctionnaires, à titre de supplément de fonction, ou gratuitement à des personnes de bonne volonté. Or, on peut être certain qu'en fait, tout service exigeant un travail régulier et qui n'est pas rémunéré, ne s'exécute pas[1]. » Cette appréciation a peut-être le tort de trop généraliser et l'on rencontre encore fréquemment, nous pouvons l'affirmer, des membres de commissions charitables qui ne proportionnent pas leur dévouement et leur peine à la gratuité du mandat; toutefois, il faut bien l'avouer, ceux-là constituent l'exception.

En fait, c'est donc l'inexécution des visites prescrites à l'art. 4 qui a constitué le vice principal de la loi de 1838. Ce vice, qui avait été corrigé ou tout au moins atténué comme nous l'avons vu par la création d'un service spécial d'inspecteurs généraux, est de nouveau apparu dans toute sa force depuis la suppression de ce service en 1883. Dans son rapport au Sénat, M. Théophile Roussel formule

---

(1) De Crisenoy. — *La loi concernant les aliénés. Revue générale d'administration.* janv. 1882.

à ce propos des appréciations et des critiques qui, sous une forme modérée, mettent en jeu d'autres responsabilités que celles du législateur de 1838. Parlant précisément des inspecteurs généraux, l'éminent rapporteur déclare : « Leur action a été éminemment utile et féconde. Tout ce qui s'est fait de bien relativement à la construction des asiles, au recrutement du personnel, aux règlements intérieurs, est dû à leur initiative et à leur constante application. Le rapport publié par eux en 1878 est un véritable monument; il leur fait le plus grand honneur et a été en quelque sorte le couronnement de leur œuvre.

» Ce fut en effet peu de temps après la publication de ce grand travail des inspecteurs généraux, que le pouvoir absorbant des bureaux ministériels s'est signalé par les actes qui ont porté un coup mortel au contrôle du service des aliénés.

» Nous n'avons fait que constater un fait indéniable lorsque nous avons dit que les inspections, trop rares déjà quand elles étaient faites par une section particulière, composée de trois médecins aliénistes, ont été en quelque sorte supprimées par les décrets des 8 avril 1880 et 31 mars 1883.

» Chaque asile ne peut être visité qu'une fois à peu près tous les trois ans; il en est même qui n'ont pas été inspectés depuis cinq ou six ans...

» Il résulte de cette situation que les établissements privés ne sont soumis aujourd'hui à aucune inspection de l'autorité administrative, et que les établissements publics n'ont d'autre contrôle effectif que celui que les départements veulent bien exercer.

» En France, les attaques récentes dont l'inspection générale des services administratifs a été l'objet, dans la presse et au sein du Parlement, ont leur origine dans les malencontreux décrets de 1880 et 1883. Les prétendues difficultés dont on a voulu débarrasser le ministre étaient précisément la sauvegarde du service et la meilleure force laissée au ministre pour écarter les mauvais choix... »

Ces paroles de M. Th. Roussel confirment ce que nous avons déjà dit plus haut au sujet de la suppression de ce service d'inspecteurs généraux spéciaux pour les établissements d'aliénés.

Or, depuis 1886, époque à laquelle M. Roussel présentait son rapport au Sénat, la situation s'est encore de beaucoup aggravée à cet égard. A l'heure actuelle, les établissements d'aliénés ne sont en réalité rattachés au pouvoir central par aucun lien. Les inspecteurs de l'assistance publique, qui parfois, mais très rarement, visitent un asile au cours de leurs tournées d'inspection des enfants assistés, n'étant pas médecins, n'ayant même la plupart du temps jamais vu d'aliénés, se bornent presque toujours à contrôler les registres de l'établissement sans même franchir la porte des quartiers des malades. Le chef d'un établissement d'aliénés est donc aujourd'hui entièrement abandonné du pouvoir central, ne trouve plus personne pour l'encourager, pour le soutenir, comme autrefois, dans les moments souvent si difficiles de son lourd service. Entièrement livrés à eux-mêmes ou plutôt au préfet du département dont dépend l'asile, les directeurs ou directeurs-médecins d'établissements d'aliénés, ne sont plus en fait, pourrait-on dire, dans la plupart des asiles, que les préposés des préfets, dont en réalité dépendent à l'heure actuelle leur avancement dans la carrière ou même parfois leur situation, sans que rien les protège contre l'arbitraire possible de ces fonctionnaires administratifs.

Cet état de choses surtout existant dans les départements où l'asile d'aliénés se trouve situé au chef-lieu même, c'est-à-dire au même endroit que la préfecture, constitue une des plus sérieuses défectuosités du service actuel des aliénés.

Cette ingérence du préfet dans le service intérieur des asiles, ingérence qui ne saurait être blâmée, si ce fonctionnaire était de ce chef soumis à un contrôle quelconque de la part de l'administration supérieure, peut devenir, nous ne saurions trop appeler l'attention sur ce point, néfaste et même dangereuse dans l'état actuel. Néfaste, disons-nous, cette ingérence préfectorale peut à coup sûr le devenir, sans même que le préfet soit sujet à un blâme réel : L'asile et le département ont en effet des intérêts en quelque sorte opposés, l'asile recevant, et le département payant; or, le préfet représentant ce dernier, aura toujours une tendance presque inconsciente à voir d'abord les intérêts de son département et par là même à réduire les crédits demandés par le chef de l'asile d'aliénés pour l'entretien de ses malades. Il résultera de là que les aliénés verront leur bien-être diminué et pourront même se trouver réduits au strict nécessaire, sans que le chef de l'asile puisse trouver personne pour se réclamer de cet état de choses. Dangereux, avons-nous dit, ce pouvoir sans contrôle, qu'exercent en fait les préfets à l'heure actuelle, sur les établissements d'aliénés, pourrait également le devenir, si le bon recrutement de ces fonctionnaires ne constituait pas sur ce point la plus sûre des garanties; car lorsque l'on rapproche de cette puissance absolue du préfet sur le personnel des établissements d'aliénés, cet autre pouvoir absolu que lui confère la loi de 1838 au cas de placement d'office, on est bien obligé de convenir qu'il ne reste guère à la liberté individuelle d'un aliéné ainsi placé, d'autre garantie que la moralité des fonctionnaires chargés de veiller à l'application de la loi.

Les visites que font à l'asile les magistrats du parquet viennent-elles au moins remédier en partie à cette situation? Presque tous les directeurs d'asile sont d'accord pour reconnaître le contraire et constater leur inefficacité : « Les visites sont bonnes, déclare un spécialiste, pour l'effet moral à produire tant sur l'opinion publique que sur l'esprit des individus séquestrés; mais il suffit d'avoir assisté à une de ces visites de magistrat pour se convaincre de leur inanité et de leur inutilité pour arriver à une constatation certaine de l'aliénation mentale [1]. »

« Ces visites, écrit encore un autre médecin aliéniste, sont même dangereuses lorsqu'elles ne sont pas éclairées par les lumières de la médecine, car l'expérience de chaque jour a prouvé que ce sont les délirants par persécution, les suicidés, c'est-à-dire les aliénés paraissant jouir de leurs facultés intellectuelles au détriment de leurs facultés affectives, qui savent formuler les plaintes les plus spécieuses et qui obtiennent le plus ordinairement leur sortie. Il en résulte des suicides et des homicides qui effrayeraient encore plus qu'ils ne le font si la statistique en avait été dressée exactement [2]. »

Cette dernière déclaration peut être sans doute taxée d'exagération; toutefois, il faut le reconnaître, ces visites faites de loin en loin par des magistrats absorbés par d'autres soucis, constituent une garantie insuffisante pour

---

(1) Déclaration de M. Billod, directeur de l'asile de Vaucluse (Seine), à l'enquête faite en 1869.

(2) Déclaration de M. Morel, directeur de l'asile de Saint-Yon, à l'enquête faite en 1869. Rapport Roussel, annexes, p. 59.

la liberté individuelle, et cependant, le procureur de la République est actuellement le seul représentant de l'autorité qui. dans la plupart des asiles, franchisse encore le seuil des quartiers d'aliénés. — Du reste, ce ne sont pas seulement les médecins aliénistes qui constatent l'inefficacité de ces visites ; les magistrats eux-mêmes sont les premiers à reconnaitre que le contrôle qu'ils péuvent exercer sur les asiles d'aliénés est presque toujours absolument illusoire. Voici comment s'exprimait à ce sujet M. Dumas, avocat général, dans un discours de rentrée prononcé à Douai, en 1884.

Parlant de ces visites, l'honorable magistrat déclarait : « Ce que l'on peut affirmer, c'est qu'elles ont lieu et ne peuvent avoir lieu que d'une manière très imparfaite, et que, dans bien des cas, le contrôle ainsi exercé est absolument illusoire. Comment, en effet, dans la pratique, s'effectuent ces visites? Le magistrat est promené dans les salles, cours ou jardins, au milieu des aliénés qui vont et viennent. Quelques-uns d'entre eux s'approchent-ils pour faire des réclamations, le magistrat ne les connait pas, il ignore la nature de leur maladie, il ne sait rien de leurs antécédents, et, sur ces divers points, il est presque toujours obligé de s'en rapporter aux explications qui lui sont données par le médecin ou le directeur. S'il veut se renseigner par lui-même, en supposant qu'il ait le temps de le faire, il ne peut consulter qu'un document. le registre dont la loi prescrit la tenue dans chaque établissement. Or, il est notoire que ce registre ne contient que des indications parfaitement insuffisantes. Les certificats médicaux, lorsqu'ils sont rédigés en un langage intelligible, sont le plus souvent trop laconiques pour constituer un élément sérieux d'information. Quant aux annotations mensuelles, ou elles

manquent ou bien elles consistent dans la mention « même
état. »

De toutes les garanties établies par la loi de 1838 pour
sauvegarder la liberté individuelle de l'aliéné interné,
il n'en reste donc qu'une seule dont l'efficacité ne soit pas
entièrement illusoire, c'est la faculté donnée par l'art. 29
à l'aliéné interné, de se pourvoir, pour obtenir sa liberté,
près le tribunal du lieu de la situation de l'établissement ;
faculté que la loi donne également aux parents de l'aliéné,
à la personne qui a demandé son placement, et même
à toute personne connaissant l'aliéné, ainsi qu'au procureur
de la République. — Cette disposition elle-même n'est cependant pas exempte de toute critique. Et, d'abord, le pourvoi
formé par la personne enfermée, comment le fera-t-elle
parvenir au tribunal ? Le directeur, surtout dans les établissements privés, ne peut-il pas retenir la réclamation,
puisque aucune surveillance n'existe. Nous n'ignorons pas
que la loi, dans l'art. 29, dispose que : aucunes requêtes,
aucunes réclamations adressées, soit à l'autorité judiciaire,
soit à l'autorité administrative, ne pourront être supprimées ou retenues par les chefs d'établissements, et
punit ce délit d'une peine d'emprisonnement et d'amende,
ou de l'une ou de l'autre de ces peines. Mais si on
suppose un directeur ne reculant pas devant un crime
de séquestration entraînant une condamnation à une
peine criminelle, rien n'est plus naturel que de croire
qu'il ne reculerait pas davantage devant un simple
délit entraînant la condamnation à un emprisonnement
correctionnel. D'ailleurs, sans aller jusqu'à supposer la
malveillance du personnel de l'établissement, comment
l'aliéné connaîtra-t-il ce droit qu'il a de se pourvoir près le
tribunal, puisque personne n'est là pour lui faire connaître

seulement l'existence de cette voie de recours. — Quant à la garantie fournie par la disposition qui permet aux parents ou amis de l'aliéné de se pourvoir également devant le tribunal pour obtenir la sortie de ce dernier, nous ne pouvons que constater son inutilité en remarquant, avec M. Suin, dans son rapport au Sénat, que, de 1838 à 1867, « il ne s'était trouvé un seul parent, un voisin, un ami qui ait usé du droit si considérable que le législateur a mis à sa disposition. » Et cela se comprend : les parents qui pouvaient avoir intérêt à la prolongation de la séquestration se seront bien gardés d'y avoir recours; les autres, ou bien auront reculé devant les soucis d'un procès dont l'issue peut être incertaine, ou bien n'auront pas même eu connaissance de l'internement de leur parent ou ami. — Reste, comme dernière garantie, le procureur de la République, auquel la loi permet également de requérir près le tribunal la sortie de l'aliéné, mais ce magistrat se sera abstenu, faute de renseignements sur l'état de la personne séquestrée.

Ainsi, nous le voyons, la surveillance des établissements d'aliénés est, à l'heure actuelle, des plus défectueuses, et nous pouvons même dire que, depuis la disparition des inspecteurs généraux, elle est entièrement supprimée.

SECTION III

RÉFORMES ET DROIT ÉTRANGER

Au point de vue de la surveillance des établissements d'aliénés, les projets en préparation réalisent de grands progrès.

Tout d'abord, ils rétablissent l'inspection générale des

asiles d'aliénés qui, désormais, aurait lieu annuellement pour chaque asile.

En outre, tous les projets sont également d'accord pour la création, à l'exemple de l'Angleterre, d'un comité supérieur des aliénés.

D'après les dernières propositions soumises à la Chambre des députés, ce comité supérieur serait constitué par : un membre du Conseil d'Etat, un membre de la Cour de cassation, le procureur général de la Cour d'appel de Paris, un membre de l'Académie de médecine, le professeur des maladies mentales à la Faculté de Paris, un directeur du ministère de la justice, un directeur du ministère de l'intérieur, les inspecteurs généraux du service, enfin : deux inspecteurs généraux des services administratifs, deux membres du Conseil supérieur de l'assistance élus, deux médecins en chef ou médecins-directeurs élus par leurs collègues des asiles publics, et un médecin d'asile privé également élu par ses collègues.

Ces quatre dernières unités n'étaient pas comprises dans la composition du comité supérieur, telle qu'il avait été prévu par le Sénat en 1886. Il nous semble que cette conception primitive était plus pratique, car tous les membres pouvaient être convoqués rapidement et réunis sans difficulté, et le comité se trouvait en quelque sorte permanent. On lui donne, d'ailleurs, des attributions très étendues, puisqu'il reçoit communication de tous les documents et rapports transmis par les préfets, donne son avis sur les règlements particuliers, sur les plans de construction générale ou partielle des asiles, sur les traités passés par les départements pour le traitement des aliénés indigents, sur les tarifs des prix de journée des aliénés, sur les autorisations à accorder aux asiles privés et sur toutes les mesures propres à assurer l'exécution des lois et règlements concernant le service des aliénés. Or, dans le projet de la commission parlementaire, on s'éloigne manifestement de la conception primitive, et on peut le reconnaitre facilement en comparant l'Exposé des motifs de M. Théophile Roussel et celui du rapporteur de la dernière commission parlementaire. Le comité supérieur, modifié par la commission parlementaire, a le nombre de ses membres porté de onze à dix-huit, mais plusieurs d'entre eux peuvent avoir leur résidence loin du lieu de réunion. Il est à craindre que le comité constitué de la sorte, ne soit souvent une source de lenteur dans l'exécution des affaires, soit parce que les réunions seront espacées à des intervalles plus ou moins grands, soit parce qu'un certain nombre de membres seront absents. Le comité, perdant de son homogénéité, perdra aussi de sa force et de son influence, et l'accroissement de nombre des membres d'une commission ne comporte pas toujours un examen plus sérieux des questions mises à l'étude.

Un autre organe de surveillance dont la création était proposée par la commission du Sénat, en 1884, et qui a disparu du projet voté par le Sénat et des propositions soumises à la Chambre, était l'institution dans chaque département d'une commission permanente, exclusivement chargée de visiter les aliénés, et composée comme suit : un juge du tribunal civil du chef-lieu où la commission a son siège, élu par le tribunal en assemblée générale; un membre de la commission départementale du Conseil général, élu par cette commission; un membre du Conseil de préfecture nommé par le préfet; un membre ou ancien membre du conseil de discipline des avocats à la Cour d'appel ou au tribunal civil du chef-lieu où la commission a son siège; un avoué ou ancien avoué, désigné par la chambre des avoués; un notaire ou ancien notaire, désigné par la chambre des notaires; enfin, un docteur en médecine, nommé par le Ministre de l'intérieur, sur une liste de présentation dressée par le comité supérieur des aliénés, et comprenant des candidats pris, pour les trois quarts, parmi les médecins en chef ou adjoints des asiles, ou parmi ceux qui ont subi le concours. Ce dernier membre est le secrétaire de la commission. Il est chargé de la tenue de ses archives.

Les attributions de cette commission permanente étaient très nombreuses. Elle visitait ou faisait visiter par deux de ses membres, une fois au moins tous les trois mois, les aliénés placés dans les asiles publics ou privés de son département. Elle donnait son avis sur toutes les questions relatives aux aliénés de sa circonscription, en ce qui concerne : la protection de leur personne et la défense de leurs intérêts, leur placement et leur maintenue dans les asiles publics et privés, leur sortie de ces asiles et leur patronage après la sortie, leur séjour et les soins dont ils sont l'objet dans les quartiers ou locaux d'observation et de dépôt établis en dehors des asiles ou dans des domiciles privés. De plus, les membres de la commission chargés des visites devaient, outre l'examen de la personne aliénée ou présumée telle, recevoir les réclamations des personnes intéressées et prendre tous les renseignements propres à établir la situation de chaque personne aliénée ou supposée telle. Après chaque visite ils consignaient, sur le registre de l'établissement, les observations qu'ils jugeaient convenables, et faisaient un rapport à la commission sur chaque personne visitée. Le médecin secrétaire de la commission recevait un traitement de l'Etat, et des indemnités étaient allouées aux membres des commissions permanentes pour leurs déplacements.

L'institution de cette commission permanente qui, à notre avis, constituait, pour la liberté individuelle des aliénés et la protection de leur personne et de leurs intérêts, la meilleure des sauvegardes, n'a pas été admise par le Sénat et a disparu également des projets soumis à la Chambre. C'est bien à tort, suivant nous : on s'est exagéré les charges qu'une commission de cette nature entraînerait et les inconvénients qu'elle pourrait avoir au regard des administrations départementales dont on n'a pas voulu diminuer l'autorité ; on a sacrifié à ces exagérations un système de contrôle et d'administration qui aurait utilement fonctionné. Il en serait certainement résulté, jusqu'à un certain point, une sorte de contrôle sur l'administration préfectorale, mais ce contrôle avait sa raison d'être dans l'obligation où l'on se trouve d'accumuler, dans une législation de cette nature, toutes les précautions susceptibles de sauvegarder la liberté individuelle, et de protéger, contre les entreprises malhonnêtes ou leurs propres écarts, des malheureux, incapables de se défendre et de se rendre compte de la portée de leurs actes.

Les projets conservent les visites aux aliénés faites par le préfet, le président du tribunal, le procureur de la République, le juge de paix et le maire. On ne se fait pas d'illusion sur l'efficacité de ces visites ; si on les maintient, c'est pour ne pas avoir l'air de supprimer une garantie de la loi de 1838.

Les propositions de réforme prennent également des mesures pour assurer le bon recrutement du personnel des asiles. D'après le projet du Gouvernement, soumis au Sénat en 1884, tous les fonctionnaires de ces établissements, et non plus seulement les directeurs et directeurs-médecins, comme sous l'empire de la loi actuelle, seraient nommés par le Ministre de l'intérieur. Nous ne pouvons qu'approuver cette décision. En enlevant ainsi aux préfets la nomination du personnel subalterne des asiles, receveurs, économes, secrétaires, on a entendu couper court aux abus qui se commettent aujourd'hui dans certains départements : les préfets profitant, paraît-il, du manque absolu de surveillance des asiles d'aliénés pour encombrer trop souvent ces établissements de fonctionnaires incapables, pour ne pas dire davantage, rebut des préfecture et sous-préfectures de leur département.

Angleterre. — En Angleterre, le système de surveillance, comme le mode de placement, diffère suivant qu'il s'agit d'aliénés interdits sous le nom d'aliénés du lord Chancelier, ou d'aliénés non interdits.

Les aliénés du lord Chancelier, nous l'avons vu, forment une classe à part et peu nombreuse, un millier environ. La protection et la surveillance de leurs personnes, qu'ils soient placés dans un asile ou traités dans leur famille, est confiée aux « visitors » du lord Chancelier, hauts fonctionnaires dont elles constituent la seule fonction. Ces visitors, au nombre de trois, sont choisis parmi les meilleurs médecins aliénistes. Ils doivent examiner, avec le plus grand soin, les malades qui leur sont confiés et, sans rien décider par eux-mêmes, peuvent provoquer, quand ils le jugent à propos, l'intervention des « masters » [1], qui peuvent alors ordonner la sortie.

---

[1] Fonctionnaires judiciaires chargés de prononcer l'interdiction des aliénés du lord Chancelier.

Quant aux aliénés non interdits, qui constituent d'ailleurs la grande majorité, leur surveillance est confiée au « Board of the commissioners in lunacy. » L'institution de ce conseil supérieur constitue le caractère le plus original et le rouage le plus puissant de la législation anglaise sur les aliénés. Il a été créé par l' « act » du 4 août 1845, que l'on a appelé la grande Charte de la liberté des aliénés. Ce « board of the commissioners in lunacy » se compose de onze membres, dont trois sont médecins et trois avocats « barristers, » ayant exercé au moins pendant cinq ans ; les cinq autres sont pris dans la noblesse ou la haute société. Ils sont nommés par le lord Chancelier, ont un secrétaire, des clercs et un président permanent qui n'est ni avocat ni médecin. Tout « commissioner » entrant en exercice doit prêter le serment de remplir ses fonctions avec discrétion, impartialité et fidélité. Les six « commissioners, » avocats et médecins, reçoivent seuls un traitement qui s'élève à 15,000 livres (37,500 fr.), sans compter le remboursement de tous les frais occasionnés par l'exercice de leurs fonctions ; mais il leur est interdit d'exercer leur ancienne profession. Les « commissioners » ont un sceau spécial ; ils ne doivent avoir aucun intérêt dans les établissements d'aliénés, ni signer comme médecins les certificats d'admission. — Tous les aliénés non interdits, qu'ils soient dans des établissements spéciaux, publics ou privés, dans des maisons de pauvres (workhouses), dans leur propre famille, à titre d'indigents, ou enfin en traitement chez un particulier qui en tire profit, comme pensionnaires isolés, relèvent du « board of the commissioners in lunacy ; » il n'y a qu'une exception pour les aliénés non indigents traités dans leur famille par leurs parents mêmes. — Les fonctions de ce bureau sont excessivement étendues : ses membres ont : des attributions administratives, relatives surtout à la délivrance des autorisations ou licences annuelles, nécessaires à ceux qui tiennent une maison de santé privée pour le traitement des aliénés ou qui veulent en créer une ; des attributions judiciaires en cas d'enquêtes ou de poursuites pour des infractions aux règlements du service des aliénés ; et des attributions de surveillance. Ils inspectent annuellement tous les établissements et reçoivent tous les trois mois la liste de tous les aliénés indigents qui peuvent exister dans chacune des paroisses du pays et qui, dans chaque paroisse, sont placés sous la surveillance des autorités charitables, et visités par les médecins des pauvres. Tous les faits relatifs au service des aliénés dans tout le pays sont notifiés au « board of the commissioners in lunacy » et enregistrés par ce bureau. Ce corps des « commissioners, » qui présente chaque année un rapport détaillé au lord Chancelier sur le service à tous les points de vue, a rendu de grands services à la cause des aliénés en Angleterre. — C'est ce « board of the commissioners in lunacy » qui a inspiré aux auteurs des projets de réforme français la création d'un Comité supérieur des aliénés [1].

En Ecosse, il existe également un « board of the commissioners in lunacy, » mais les membres de ce bureau ont des pouvoirs encore plus étendus que ceux des commissioners anglais ; de lui relèvent la direction de tout le service, la protection et la surveillance de tous les aliénés interdits ou non, et il y est tenu un répertoire complet de tous les aliénés placés sous sa garde. Ce sont les commissioners qui sont chargés de faire les enquêtes, de recevoir

_____

[1] Foville, *Législation relative aux aliénés en Angleterre et en Ecosse.*

les notifications des admissions, sorties, décès, évasions, et d'inspecter les établissements. C'est à eux également qu'il appartient de rédiger les règlements intérieurs des asiles et d'accorder des licences pour la fondation des établissements publics et privés. Tous les aliénés connus du bureau et inscrits sur ses registres, qu'ils soient pauvres ou riches, interdits ou non interdits, placés dans des établissements spéciaux ou soignés dans des maisons particulières, se trouvent sous la surveillance personnelle des commissioners [1].

En Belgique, la surveillance des asiles d'aliénés est exercée par des inspecteurs généraux et des comités permanents nommés par le Gouvernement. Les asiles doivent être visités au moins une fois par trimestre par le procureur du roi, une fois par semestre par le bourgmestre, une fois par an par le gouverneur de la province.

En Hollande, la surveillance est confiée à des inspecteurs nommés par le roi; elle s'étend à tous les aliénés, sauf ceux qui sont traités par leurs parents en ligne directe ou leur conjoint, sans privation de liberté. Les inspecteurs et les procureurs du roi ont libre accès dans les asiles : ils doivent faire des visites trimestrielles [2].

(1) Foville, *loc. cit.*
(2) *Annuaire de législation étrangère.*

CHAPITRE IV

SORTIE

SECTION I

SYSTÈME DE LA LOI DE 1838

« Les portes des établissements d'aliénés, déclarait M. Vivien dans son rapport du 18 mars 1837, doivent s'ouvrir aussitôt que les causes qui les ont fait fermer ont cessé d'exister. Il ne faut pas, ajoutait-il, qu'une lâche cupidité ou une méprisable indifférence puisse prolonger une captivité qui doit cesser avec la démence et qui devient un crime dès qu'elle dure plus que sa cause; » aussi, la loi de 1838, s'inspirant de ces principes, a-t-elle pris des précautions pour empêcher tout abus de ce genre.

1° *Des personnes qui peuvent requérir la sortie.* — L'intervention de ces personnes pour requérir la sortie d'un aliéné n'a lieu évidemment qu'en cas de placement volontaire; lorsque le placement a été ordonné d'office par le préfet, la sortie, nous l'avons vu, ne peut en effet s'effectuer, en dehors de l'intervention du pouvoir judiciaire, que par l'autorité de ce même fonctionnaire qui prend un arrêté de sortie lorsqu'il le juge convenable, et sous sa propre responsabilité.

Cette disposition se comprend du reste fort bien : le placement d'un aliéné par l'autorité administrative constituant une mesure d'ordre et de sécurité publique, et ne pouvant s'appliquer qu'à un aliéné dangereux, la société est en effet intéressée à ce que cet aliéné ne sorte de l'asile qu'après sa guérison et lorsqu'il n'est plus en état de nuire, ce dont est seule juge l'autorité administrative.

Dans le cas de placement volontaire, au contraire, ces motifs d'ordre public ne se retrouvent plus, aussi la sortie de l'aliéné a-t-elle lieu, en dehors de toute intervention préfectorale, et même avant la guérison, sur la simple réquisition de diverses personnes désignées par l'art. 14, § 1ᵉʳ, de notre loi, dans l'ordre suivant : « Avant même que les médecins aient déclaré la guérison, toute personne placée dans un établissement d'aliénés cessera d'y être retenue, dès que la sortie sera requise par l'une des personnes ci-après désignées, savoir : 1° le curateur nommé en exécution de l'art. 38 de la présente loi; 2° l'époux ou l'épouse; 3° s'il n'y a pas d'époux ou d'épouse, les ascendants; 4° s'il n'y a pas d'ascendants, les descendants; 5° la personne qui aura signé la demande d'admission, à moins qu'un parent n'ait déclaré s'opposer à ce qu'elle use de cette faculté sans l'assentiment du conseil de famille; 6° toute personne à ce autorisée par le conseil de famille. S'il résulte d'une opposition notifiée au chef de l'établissement par un ayant droit qu'il y a dissentiment, soit entre les ascendants, soit entre les descendants, le conseil de famille prononcera. »

Cet ordre, établi par la loi parmi les personnes pouvant requérir la sortie d'un aliéné placé volontairement, n'est pas un ordre édicté au hasard, c'est un ordre éliminatif, un ordre de préférence, formulé par le législateur de 1838 dans le but d'éviter que des personnes, n'ayant avec le fou qu'une parenté très éloignée, ne cherchent à obtenir sa sortie uniquement pour profiter de sa fortune et lui faire contracter des obligations contraires à ses intérêts. Ainsi la réquisition de sortie faite par un ascendant n'est pas valable, par le fait seul qu'il existe un époux, et, pour cela, celui-ci n'a même pas besoin de notifier une opposition ; il suffit qu'il fasse connaître son existence et son *veto* au chef de l'établissement pour que ce dernier soit obligé de refuser la sortie ; de même, si la sortie était au contraire requise par l'époux, l'opposition formée par un ascendant n'aurait aucun effet, la loi préférant l'époux à l'ascendant. — Il ne peut y avoir, du reste, d'opposition valable, font remarquer MM. Briand et Chaudé, qu'au cas de dissentiment entre personnes ayant des droits égaux [1]. Par exemple entre deux ascendants, entre deux descendants, c'est-à-dire, suivant l'expression de la loi, entre des « ayants droit, » entre des personnes ayant elles-mêmes le droit de requérir la sortie : c'est seulement dans ce cas, d'après l'art. 14 que nous venons de citer, que se place l'intervention du conseil de famille qui décide si l'aliéné doit être ou non maintenu à l'asile.

Peut-il être formé opposition par les parents de l'aliéné à la demande de sortie émanée de son curateur? Cette question non résolue par la loi est vivement discutée : D'après un premier système, l'aliéné retombant après sa sortie à la charge de ses parents, il est légitime que ceux-ci puissent s'opposer à sa mise en liberté avant sa guérison ; et cette opposition devrait être jugée, disent encore les partisans de ce système, non par le conseil de famille, mais par le tribunal qui a nommé le curateur. — Au contraire, suivant une autre opinion, qui nous paraît préférable, le curateur est ici exempt de tout contrôle de la part

---

(1) Briand et Chaudé, *Manuel de Méd. lég.*, t. II, p. 86.

des parents de l'aliéné ; la loi a en effet confié à ce curateur, choisi à dessein en dehors des héritiers du malade, une mission toute spéciale, et a créé cette charge précisément dans un but de défiance vis-à-vis des parents du fou, puisqu'il est chargé de veiller à ce que les revenus de l'aliéné soient bien employés à adoucir son sort et à accélérer sa guérison, et que l'art. 38 l'institue en outre seul juge du moment opportun pour rendre à l'aliéné le libre exercice de ses droits. D'ailleurs, la place seule occupée par ce curateur dans l'énumération de l'art. 14, où la loi le met en tête des personnes pouvant requérir la sortie de l'aliéné, avant tous les parents, semble bien indiquer l'intention du législateur de l'exempter de tout contrôle de la part de la famille du malade.

A part les personnes énumérées dans l'art. 14, aucune autre ne peut, avons-nous dit, requérir la sortie de l'aliéné ; aussi les frères et sœurs du fou ne figurant pas dans cette énumération, nous devons en conclure que la loi leur a refusé ce droit de faire sortir l'aliéné, à moins toutefois qu'ils n'aient signé la demande d'admission ou qu'ils n'aient obtenu l'autorisation du conseil de famille [1].

L'art. 14 *in fine* contient une restriction importante au droit de requérir la sortie que ce même article confère aux personnes énumérées dans sa première partie ; cette restriction se place au cas où l'aliéné est mineur ou interdit : « En cas de minorité ou d'interdiction, déclare en effet l'art. 14 dernier alinéa, le tuteur pourra seul requérir la sortie », et, ajoute l'art. 17, « En aucun cas l'interdit ne pourra être remis qu'à son tuteur, et le mineur qu'à ceux sous l'autorité desquels il est placé par la loi. » — Cette res-

---

(1) Demolombe, Minorité, t. II, n° 870 ; Briand et Chaudé, *ibid.*, p. 85.

triction apportée au droit de demander la sortie ne se comprend guère et rien ne vient la justifier. — Pourquoi priver le fou mineur ou interdit des garanties que la loi accorde aux autres aliénés, et laisser le tuteur seul juge de l'opportunité de la sortie, alors que ce dernier peut au contraire avoir intérêt à prolonger l'internement de son pupille, ne serait-ce que pour éviter d'en avoir la charge. Il aurait suffi, à notre avis, d'accorder au tuteur un droit d'opposition. — Cette disposition toute d'exception en faveur du tuteur, ne saurait, par ailleurs, être généralisée et étendue en raisonnant par analogie au curateur du mineur émancipé ou au conseil judiciaire du faible d'esprit : s'il en était autrement, on arriverait à priver ainsi presque toutes les personnes désignées par l'art. 14 de leur droit de requérir la sortie.

Nous devons remarquer en outre que ce privilège accordé au tuteur par le dernier alinéa de l'art. 14 de la loi de 1838, n'est pas en contradiction avec l'art. 510 du Code civil, d'après lequel c'est le conseil de famille et non le tuteur qui décide si l'interdit doit être traité à son domicile ou placé dans un asile d'aliénés. La disposition de l'art. 14 n'enlève nullement au conseil de famille ce droit que lui confère l'art. 510. C'est seulement lorsque le conseil de famille a exercé ce droit d'option et s'est prononcé pour l'internement, que l'art. 14 donne au tuteur le droit de requérir la sortie de son pupille, à l'exclusion des personnes énumérées dans sa première partie.

Les chefs d'établissements d'aliénés sont tenus, avons-nous dit, de déférer à toute réquisition de sortie faite par un ayant droit, conformément au premier paragraphe de l'art. 14, et cela quand bien même l'aliéné ne serait pas entièrement guéri. Il est cependant un cas où ce droit subit une restriction, c'est lorsque l'aliéné est dans un état tel que sa sortie pourrait compromettre l'ordre public ou la sûreté des personnes ; ce cas est prévu par l'art. 14, second alinéa, ainsi conçu : « Néanmoins si le médecin de l'établissement est d'avis que l'état mental du malade pourrait compromettre l'ordre public ou la sûreté des personnes, il en sera donné préalablement connaissance au maire, qui pourra ordonner immédiatement un sursis provisoire à la sortie, à la charge d'en référer, dans les vingt-quatre heures au préfet. Ce sursis provisoire cessera de plein droit à l'expiration de la quinzaine, si le préfet n'a pas, dans ce délai, donné d'ordre contraire, conformément à l'art. 21. »

L'art. 15 contient une disposition générale qui a trait à la sortie de tous les aliénés, qu'ils soient ou non dangereux ; aux termes de cet article « dans les vingt-quatre heures de la sortie, les chefs, préposés ou directeurs en donneront avis aux fonctionnaires désignés dans le dernier paragraphe de l'art. 8, et leur feront connaître le nom et la résidence des personnes qui auront retiré le malade, son état mental au moment de sa sortie, et, autant que possible, l'indication du lieu où il aura été conduit. » Cette disposition, on le voit, est édictée dans un double but, et constitue une garantie à la fois pour l'ordre public et pour la liberté individuelle. En exigeant, en effet, que l'Administration soit prévenue de la sortie de tout aliéné, le législateur a pris une précaution très sage. Il a voulu, en éveillant ainsi l'attention des représentants de l'autorité, les mettre en mesure d'une part de faire surveiller d'une façon spéciale cet aliéné, au cas où il ne serait pas complètement guéri, et, d'autre part, de prendre les précautions nécessaires pour empêcher qu'il ne soit porté atteinte à la liberté individuelle de l'aliéné du fait précisément de la personne qui a requis la sortie.

2° Des personnes qui peuvent ordonner la sortie. — La loi, ne donnant le droit de requérir la sortie de l'aliéné qu'à un nombre limité de personnes, devait prévoir le cas où ces personnes, désignées dans l'art. 14, se refuseraient, soit par négligence, soit par intérêt, soit pour tout autre motif, à faire sortir l'aliéné, dont la guérison aurait été constatée par le médecin de l'établissement, et désigner les autorités auxquelles incomberait alors le soin d'ordonner la sortie. — D'après l'art. 13 de la loi de 1838, cet ordre de sortie peut émaner tout d'abord de l'autorité médicale elle-même; aux termes de cet article, en effet : « Toute personne placée dans un établissement d'aliénés, cessera d'y être retenue aussitôt que les médecins de l'établissement auront déclaré, sur le registre énoncé en l'article précédent, que la guérison est obtenue. S'il s'agit d'un mineur ou d'un interdit, il sera donné immédiatement avis de la déclaration des médecins aux personnes auxquelles il devra être remis et au procureur du roi. » C'est donc bien véritablement le droit d'ordonner la sortie, que cet article confère au médecin, sinon directement, du moins indirectement; dès que le médecin déclare un malade guéri, ce dernier doit être immédiatement remis en liberté, l'art. 13 est formel, et cela, que l'aliéné ait été placé volontairement, ou d'office par l'autorité administrative. Au cas de placement d'office, en effet, dès que le médecin déclare la guérison, le directeur, nous l'avons vu, doit en avertir immédiatement le préfet qui statuera sans délai (art. 23).

Ainsi donc, la déclaration de guérison émanée du médecin constitue un ordre de sortie, devant lequel doit s'incliner même le préfet. Ce fonctionnaire pourrait seulement, s'il conservait des doutes sur le rétablissement complet de l'aliéné, faire procéder à une contre-visite.

Si l'art. 13 confère à l'autorité médicale le pouvoir de faire sortir un aliéné de l'asile, l'autorité préfectorale a reçu de la loi un pouvoir plus étendu encore. Il résulte en effet des termes généraux de l'art. 16 que « Le préfet pourra *toujours* ordonner la sortie immédiate des personnes placées volontairement dans les établissements d'aliénés (art. 16). » Ce n'est donc plus comme pour l'autorité médicale, seulement au cas de guérison, que la sortie peut être ordonnée par l'autorité administrative; les termes employés par cet art. 16 « Le préfet pourra toujours ordonner la sortie » montrent bien, au contraire, l'intention du législateur de conférer par là au préfet, le droit d'ordonner la sortie d'un aliéné toutes les fois qu'il le juge à propos, alors même que le médecin de l'établissement se prononcerait pour le maintien de ce malade à l'asile. Le préfet jouit donc sur ce point d'un pouvoir discrétionnaire, sauf, bien entendu, sa responsabilité comme fonctionnaire.

Si le médecin, si le préfet s'opposent à la sortie d'un aliéné, celui-ci a encore à sa disposition un dernier moyen pour se faire ouvrir les portes de l'établissement où il est interné, c'est de se pourvoir devant le tribunal du lieu où est situé l'asile et de le faire juge de la légitimité de sa séquestration et de l'opportunité de sa sortie. Cette intervention de l'autorité judiciaire que peut susciter non seulement l'aliéné, mais encore toute personne conservant des doutes sur la réalité de la folie de l'interné, constitue à n'en pas douter la meilleure des sauvegardes de la liberté individuelle, et semble rendre bien difficile une séquestration arbitraire.

Elle est prévue par l'art. 29, ainsi conçu : « Toute personne placée ou retenue dans un établissement d'aliénés, son tuteur si elle est mineure, son curateur, tout parent ou ami, pourront, à quelque époque que ce soit, se pourvoir devant le tribunal du lieu de la situation de l'établissement qui, après les vérifications nécessaires, ordonnera, s'il y a lieu, la sortie immédiate. — Les personnes qui auront demandé le placement et le procureur du roi d'office pourront se pourvoir aux mêmes fins. — Dans le cas d'interdiction, cette demande ne pourra être formée que par le tuteur de l'interdit. — La décision sera rendue, sur simple requête, en Chambre du conseil et sans délai ; elle ne sera point motivée. — La requête, le jugement et les autres actes auxquels la réclamation pourrait donner lieu, seront visés pour timbre et enregistrés en débet. — Aucunes requêtes, aucunes réclamations adressées, soit à l'autorité judiciaire, soit à l'autorité administrative, ne pourront être supprimées ou retenues par les chefs d'établissements, sous les peines portées au titre III, ci-après. »

Tandis que l'art. 14, dont nous avons donné plus haut le commentaire, restreignait à un nombre limité de personnes le droit de requérir la sortie de l'aliéné ; l'art. 29, on le voit, est au contraire tout à fait général, et permet à toute personne, « tout parent ou ami, » de s'adresser au tribunal pour obtenir la sortie d'un aliéné, que celui-ci ait été ou non placé d'office.

Cette différence qui peut surprendre, au premier abord, se comprend d'elle-même, car ici ce n'est plus, comme au cas de l'art. 14, le droit d'ordonner la sortie que confère au requérant l'art. 29, mais seulement le droit de la solliciter : le tribunal reste seul juge du bien-fondé de la demande, il peut l'admettre ou la rejeter. Il ne pouvait

BIBLIOTHÈQUE NATIONALE

7

donc y avoir aucun inconvénient à permettre à tout citoyen et même à la société toute entière, dans la personne du procureur de la République, d'appeler l'attention de la justice sur une séquestration dont la légitimité paraîtrait douteuse.

Cette largesse de la loi dans l'art. 29 fait d'autant plus ressortir l'unique restriction contenue dans son second paragraphe décidant, qu'au cas où l'aliéné serait interdit, le tuteur seul conserverait le droit de saisir le tribunal de la demande de sortie, à l'exclusion de l'interdit lui-même. Cette restriction que nous avons déjà rencontrée et critiquée en commentant l'art. 14, est ici peut-être, et rien ne peut l'expliquer, encore plus blâmable. L'obligation pour le tribunal de prendre, dans cette hypothèse seulement, l'avis du tuteur, aurait pu avantageusement remplacer cette mesure par trop radicale.

Quand la requête faite en vertu de l'art. 29 émane de la personne placée elle-même, il n'est évidemment pas nécessaire qu'elle soit présentée par un avoué, une simple lettre adressée par l'aliéné au président du tribunal ou même au parquet suffit.

Le tribunal doit statuer sans délai : sa décision sera rendue en Chambre du conseil et ne sera point motivée, afin d'éviter une publicité qui pourrait nuire à l'aliéné lui-même et à sa famille. Cette décision sera, d'ailleurs, toujours susceptible d'appel.

Quant aux moyens qu'emploiera le tribunal pour éclairer sa religion, la loi l'en laisse souverain juge. Le médecin de l'établissement, la famille de l'aliéné n'ont même pas le droit d'intervenir à l'instance. Dans la plupart des cas, le tribunal verra et interrogera directement, ou par un membre à ce commis, le malade dont la sortie est réclamée, et s'il conserve des doutes, se fera remettre un rapport par le médecin en chef de l'établissement, ou commettra des médecins experts pour examiner l'aliéné; mais, nous le répétons, la loi n'oblige nullement le tribunal à procéder de cette manière; celui-ci conserve toujours son entière liberté d'action pour ordonner ou refuser la sortie.

Les frais de cette procédure sont enregistrés en débet, mais restent à la charge du requérant, si celui-ci succombe dans sa demande. Cette solution, juste à l'égard des autres réclamants, est inique lorsque la requête émane de l'aliéné lui-même; car si l'obligation de payer les frais occasionnés par une demande inopportune se comprend fort bien au cas où le tribunal a été saisi par une personne saine d'esprit, cette disposition est inadmissible lorsqu'elle vise un aliéné reconnu irresponsable par la loi elle-même.

Pour assurer aux aliénés internés le libre exercice du recours établi par l'art. 29, le dernier paragraphe de cet article rend passible, nous l'avons vu, le directeur qui retiendrait la correspondance de ses malades adressée à l'autorité judiciaire ou administrative, des peines portées au titre III de la loi, c'est-à-dire d'un emprisonnement de cinq jours à un an et d'une amende de 50 à 3,000 fr., ou de l'une ou l'autre de ces peines.

Lorsque la sortie d'un aliéné a été ordonnée par l'autorité judiciaire, le préfet conserve évidemment le droit d'ordonner de nouveau le placement d'office de cet aliéné; mais ce second placement ne peut être motivé sur des faits antérieurs au jugement de sortie rendu par le tribunal; le préfet ne doit intervenir qu'à l'occasion de faits postérieurs à ce jugement : de la sorte, toute crainte de conflit entre l'autorité administrative et judiciaire est écartée.

SECTION II

CRITIQUES

Bien que les dispositions de la loi de 1838 qui réglementent la sortie des aliénés soient, d'une façon générale bien conçues, elles ne sauraient être cependant exemptes de toute critique.

Tout d'abord, en laissant à l'appréciation des médecins, et cela alors même qu'ils seraient directeurs d'établissements privés, le droit de décider s'il y a guérison et si en conséquence la mise en liberté doit être ordonnée, on expose par là même l'aliéné à voir dans bien des cas sa sortie retardée; soit, parce que, placés dans un milieu qui les rend défiants, certains médecins hésiteront toujours à reconnaître et à proclamer la guérison, soit, surtout s'il s'agit de médecins directeurs d'établissements privés, parce qu'ils pourront ne pas se hâter d'ordonner une mise en liberté qui serait contraire à leur intérêt, au cas surtout où l'aliéné payerait une bonne et lucrative pension.

Il est vrai que l'aliéné a toujours à sa disposition le recours à l'autorité judiciaire, établi à son profit par l'art. 29, et que d'autre part la famille ou la personne qui a signé la demande d'admission peuvent faire sortir l'aliéné avant que le médecin ait déclaré la guérison. Mais nous avons vu précédemment[1] que le recours au tribunal ne constitue pas toujours une garantie aussi efficace qu'il le paraît au premier abord.

Quant au droit pour la famille et la personne, auteur du placement, de faire sortir l'aliéné même avant sa guérison,

____

(1) (Voir chap. III, section II, pp. 79 et 80).

ce n'est pas là non plus, dans l'état actuel de la législation sur les aliénés, une garantie absolue. — Si l'on est en présence d'une séquestration poursuivie par intérêt ou par vengeance, loin d'être un avantage, cette disposition a, en effet, le grave inconvénient de placer l'aliéné à la discrétion précisément des personnes qui ont obtenu la séquestration, et dont le seul souci ne peut être que de la faire maintenir le plus longtemps possible. A un autre point de vue, peut-on même ajouter, il est dangereux, dans l'état actuel de la législation, de laisser la sortie à la disposition absolue de l'une des personnes indiquées par la loi, car le législateur de 1838 ne prend aucune précaution pour empêcher qu'elle ne fasse de ce droit un usage contraire aux intérêts de l'aliéné. C'est précisément ce qui s'est produit dans le cas cité plus haut et emprunté à la déposition du docteur Dagonet, médecin en chef de la division des hommes à l'asile Sainte-Anne, à Paris, devant la société de législation comparée chargée d'étudier les modifications à introduire dans la loi du 30 juin 1838[1].

SECTION III

PROPOSITIONS DE RÉFORMES ET DROIT ÉTRANGER

En ce qui concerne la réglementation de la sortie des malades de l'asile, les projets de réforme contiennent peu d'innovations aux dispositions de la loi du 30 juin 1838. Comme par le passé, toute sortie serait accordée dès que la maladie aurait cessé ; elle pourrait l'être avant la guérison, si elle était demandée par certaines personnes,

(1) Voir chap. I, p. 22.

parentes de l'intéressé, dont l'énumération est contenue dans la loi de 1838. Toutefois, dans le projet de la commission du Sénat, il serait sursis provisoirement à la sortie ainsi requise si le médecin de l'établissement ou la commission permanente étaient d'avis que l'état mental du malade pourrait compromettre la sécurité, la décence, la tranquillité publiques ou sa propre sûreté, ou que la personne qui réclame la sortie n'est pas en situation de lui donner les soins nécessaires. Ce sursis provisoire cesserait au bout de quinze jours si le préfet n'avait pas avant ce délai donné l'ordre contraire.

Les projets conservent également le recours au tribunal établi par l'art. 29 de la loi de 1838, en faisant néanmoins justice des quelques critiques de détail que nous avons formulées au sujet de cet article. Désormais, l'interdit pourra donc former lui-même ce recours, faculté qui était accordée par la loi de 1838 à son tuteur seul; de plus, la décision du tribunal sera rendue sans frais, et tous les actes judiciaires ou extra-judiciaires auxquels cette procédure pourra donner lieu seront visés pour timbre et enregistrés gratis. — A noter aussi, dans le projet de la commission du Sénat, la disposition permettant à tout membre de la commission permanente de se pourvoir près le tribunal pour obtenir la sortie d'un aliéné.

Enfin, on donnerait un caractère légal à une pratique qui a donné de très bons résultats, celle des sorties à l'essai; le malade pourrait être réintégré à l'asile sans formalités pendant un délai d'un mois; passé ce temps, la sortie deviendrait définitive. — De même, l'aliéné évadé de l'asile, depuis un mois, ne pourrait être ramené à cet établissement sans que les formalités d'admission ne soient remplies à nouveau. On suppose, en effet, avec raison, que cet aliéné qui, pendant ce laps de temps, n'a pas attiré l'attention publique, peut être considéré comme guéri et laissé sans danger en liberté.

En Angleterre, la personne qui a obtenu l'ordre de placement, ou à son défaut, les plus proches parents de l'aliéné, placé dans un asile, peuvent requérir sa sortie avant même qu'il soit guéri. Lorsque le médecin de l'asile pense que la sortie est inopportune et considère qu'il y a danger à mettre le malade en liberté, il peut s'opposer à la sortie; mais après deux visites des « visitors » ou des « commissioners, » suivant qu'il s'agit d'aliénés interdits ou non interdits, on passe outre et la sortie est ordonnée [1].

En Ecosse, dès que le médecin a constaté la guérison, l'aliéné doit être immédiatement remis en liberté. Si l'état du malade s'est simplement amélioré, le chef de l'établissement en avertit la personne qui a réclamé le placement et si celle-ci ne prend aucune décision, le « board of commissioners » statue dans les quinze jours sur l'opportunité d'une mise en liberté provisoire ou définitive.— Disposition digne de remarque, l'internement cesse de plein droit au bout de trois années, si dans les quinze jours qui précèdent l'expiration du délai, le médecin de l'établissement n'adresse pas au bureau des « commissioners » un certificat constatant la nécessité de la maintenue de l'aliéné [2].

En Autriche-Hongrie, quel que soit son état, tout aliéné peut être réclamé par sa famille, si celle-ci prend l'engagement par écrit de veiller sur le malade et accepte la responsabilité de tous ses actes. Toutefois, en cas de

(1) Foville, *loc. cit.*
(2) Foville, *loc. cit.*

placement d'office, l'assentiment des autorités est indispensable pour l'obtention de la sortie [1].

En Italie, la sortie d'un aliéné d'un établissement, même à titre provisoire, exige toujours l'autorisation du tribunal. Quand un aliéné est reconnu incurable et inoffensif, le médecin de l'établissement en donne avis au procureur du roi qui provoque la sortie, après avoir donné préalablement avis de cette décision à la famille ou à la commune quand il s'agit d'un indigent [2].

En Hollande, le médecin de l'établissement peut donner des congés aux aliénés, la sortie étant, dans ce cas, seulement provisoire. La sortie définitive est de droit, lorsque le médecin de l'établissement déclare le malade guéri ou lorsque le ministère public la requiert. Le médecin peut s'opposer à la sortie du malade lorsqu'elle est réclamée par celui qui a formé ou un de ceux qui auraient pu former la demande d'internement. Dans ce cas, le médecin fait connaitre son opposition au procureur du roi et celui-ci en saisit le tribunal qui statue sans appel. Ni l'interné ni sa famille ne peuvent saisir directement le tribunal d'une demande de sortie [3].

(1) *Annuaire de législation étrangère*, année 1876.
(2) *Annales médico-psychologiques*, 1896.
(3) *Annuaire de législation étrangère*.

CHAPITRE V

LACUNES DE LA LOI DE 1838

L'œuvre du législateur de 1838 n'est pas seulement sujette à des critiques dans les dispositions qu'elle consacre à la protection de la liberté individuelle des aliénés, elle comporte encore des lacunes, lacunes que nous avons indiquées dans notre chapitre I, et qu'il serait urgent de combler.

1° *Aliénés traités à domicile*. — La plus grave de ces lacunes, celle qui, à notre avis, fait courir le plus de péril à la liberté individuelle, consiste dans l'absence de toute disposition à l'égard des aliénés non séquestrés dans les asiles ; nous voulons parler des malades qui sont soignés dans des domiciles privés ou dans leur famille.

Ce silence n'est pas un oubli : il provient de ce qu'alors on supposait, d'abord, que la résidence forcée dans une maison particulière ne présentait aucun inconvénient, et, ensuite, qu'il était impossible d'établir une surveillance, au nom de l'autorité publique, sur un aliéné traité dans sa famille. On est unanime à reconnaître que c'était là une erreur, que la séquestration à domicile, outre qu'elle est mauvaise au point de vue physique et moral, est toujours une privation de la liberté et mérite quelquefois de tomber sous le coup du Code pénal.

Il est donc indispensable de compléter sur ce point la loi de 1838, en organisant la surveillance des aliénés soignés à domicile ou chez eux. D'ailleurs, d'autres législations nous ont précédés dans cette voie :

En Belgique, toute maison où un aliéné est traité, même seul, par une personne qui n'est ni son parent, ni son allié, ni son tuteur, curateur ou administrateur provisoire, est assimilée à un asile ordinaire d'aliénés. — Si l'aliéné reste dans sa famille, il peut y être traité; mais il ne peut y être séquestré sans une autorisation spéciale.

L'art. 15 d'une loi de *Norwège* du 17 août 1848, dispose que nul ne peut être détenu dans son domicile, chez des parents ou des étrangers, ou être gardé à vue, sans qu'il en ait été donné avis, aussitôt que possible, au pasteur ou à un médecin, lequel devient dès lors responsable de l'exécution de la loi, et doit adresser un rapport au département de l'intérieur.

Une loi suédoise de 1848 décide également : « Les particuliers qui reçoivent un aliéné comme pensionnaire sont sous la surveillance du pasteur et des médecins officiels. »

En Angleterre, aucun particulier ne peut recevoir dans sa maison, ni se charger de soigner isolément, moyennant salaire, un aliéné ou prétendu tel, sans qu'une demande de placement et deux certificats de médecin lui aient été produits et sans avertir à très bref délai les fonctionnaires compétents (within one clear day after receiving the patient); des constatations médicales sont alors faites, quelques formalités administratives accomplies, et l'aliéné est désormais placé sous la surveillance et la protection de l'autorité, aussi bien que le sont ceux qui remplissent les asiles.

Si, au lieu d'être placé en pension chez un tiers, l'aliéné est traité à domicile chez des parents ou des amis, il peut être l'objet de visites de délégués du lord Chancelier ou du secrétaire d'Etat de l'intérieur, chargés de l'examiner et de dresser un rapport sur sa situation.

En Hollande, également, les aliénés, qu'ils soient placés dans un établissement ou soignés dans leur famille, sont soumis à la surveillance de l'Etat; cette surveillance est exercée par deux inspecteurs, sans préjudice des visites que peuvent faire les fonctionnaires judiciaires, municipaux et les membres du service médical. — Toute personne qui soigne un aliéné, doit en aviser le bourgmestre dans un délai de quarante-huit heures.

A noter enfin les dispositions suivantes de la *Législation italienne* : « Les parents d'un aliéné dangereux qui ont l'intention de le faire traiter dans son domicile, et le médecin traitant, sont obligés de présenter une demande au procureur du roi..., en prouvant que les moyens qu'ils proposent d'employer sont de nature à éloigner tout danger pour le malade et pour autrui. — Le procureur du roi prend les informations nécessaires, et lorsqu'elles sont rassurantes, il provoque devant le tribunal... l'autorisation de traiter l'aliéné dans son domicile. Dans le cas contraire, il enjoint de prendre d'autres mesures de précaution que celles indiquées dans la demande, ou bien il prescrit le placement de l'aliéné dans un asile public ou privé. — Même dans le cas où il s'agit d'aliénés tranquilles, traités à domicile, les proches parents, le médecin traitant, sont obligés d'en faire la déclaration à l'autorité de sûreté publique, dans le délai maximum d'un mois après la première manifestation de la maladie. — L'omission de la déclaration, tant de la part du proche parent que de la part du médecin traitant, est punie d'une amende de 50 à 1,000 fr. »

En France, d'après les nouveaux projets, tout individu qui reçoit chez lui une personne atteinte d'aliénation mentale devra en faire la déclaration, dans un délai de quinze jours, au procureur de la République. Le conjoint, l'un des ascendants ou l'un des descendants, le frère ou la sœur, l'oncle ou la tante, le tuteur autorisé par le conseil de famille seront dispensés de cette déclaration, s'ils résident au domicile du malade et s'ils président eux-mêmes aux soins qui seront donnés. Si la nécessité de tenir le malade enfermé dure plus de trois mois, la dispense cessera et il y aura alors obligation de faire la déclaration.

Ces mesures, qui ont pour but d'avertir l'administration qu'une personne se trouve dans une maison particulière, mettront ainsi les autorités compétentes en état de se rendre compte des conditions dans lesquelles la séquestration a lieu et empêcheront, par suite, tout abus de se produire.

2° *Placement d'aliénés à l'étranger.* — La loi de 1838 ne s'occupe pas non plus du placement des Français à l'étranger et de celui des étrangers en France. La nécessité de combler cette lacune se fait d'autant plus impérieusement sentir que la facilité des communications donne aujourd'hui à ces placements une importance réelle, et qu'il n'est presque pas de grand asile chez nos voisins où l'on ne rencontre quelque aliéné français. Comme ces placements demeurent absolument ignorés de l'autorité publique et affranchis de toutes règles, ils peuvent donner naissance aux abus les plus graves. — Les projets soumis aux Chambres viennent remédier à cette situation : désormais, nul ne pourrait être conduit à l'étranger pour être placé dans un établissement d'aliénés, sans que, dans le délai d'un mois à partir du jour du placement, la déclaration en soit faite, par la personne qui l'a provoqué, au procureur de la République du domicile du malade. Si le procureur de la République a des soupçons sur la nécessité du placement fait à l'étranger, il pourra ainsi éveiller l'attention des autorités étrangères sur la personne placée. Par suite de cette disposition, on mettra obstacle aux placements à l'étranger, dont l'unique motif serait de se soustraire aux exigences de la loi française. — De même, nul étranger, conduit en France pour être placé dans un établissement d'aliénés, ne pourrait être admis dans cet établissement sans une demande et sans un certificat médical légalisé dans son pays d'origine, ou par un représentant diplomatique de ce pays en France.

3° *Crétins, idiots et épileptiques.* — La loi de 1838 ne donnait aucune définition de ce qu'elle entendait par le mot « aliéné » et il semble qu'elle y ait compris tous ceux qui, à un degré quelconque, ne jouissaient pas de la plénitude de leurs facultés mentales, soit par suite d'arrêt de développement, soit par suite de troubles intellectuels. Il s'en était suivi que les idiots, les crétins et les épileptiques ont été confondus avec les aliénés proprement dits.

Les aliénistes, depuis cette époque, ont reconnu que l'idiotie et le crétinisme sont des états physiologiques distincts de la folie. L'idiot, a dit Esquirol, est un pauvre de naissance. Cette pauvreté est, pense-t-on, comme celle du crétin, susceptible de quelque enrichissement, et on peut faire de ces malheureux des êtres sinon aptes à la vie sociale, tout au moins capables d'un travail utile. L'épilepsie se rapproche davantage de l'aberration mentale, mais elle s'en distingue aussi suffisamment pour que ceux qui en sont atteints ne soient pas confondus avec les fous.

Il y a donc nécessité de faire une distinction qui n'a pas

été faite, et de créer pour chacune de ces infirmités un mode d'existence approprié à ses besoins.

D'après les propositions de réforme, seuls les aliénés proprement dits, seraient traités dans les asiles. Les crétins, idiots et épileptiques continueraient à être admis provisoirement à l'asile, mais devraient dans un certain délai être séparés des autres malades pour avoir des quartiers spéciaux où ils recevraient une certaine éducation. Les démens séniles, crétins et idiots pourraient être envoyés dans des colonies familiales, après observation dans les asiles.

Grâce aux médecins renommés qui dirigent les établissements spéciaux consacrés en Angleterre et aux Etats-Unis au traitement des idiots, crétins et épileptiques, le système d'éducation employé dans ces établissements, et que l'on propose en France, accomplit de véritables métamorphoses. A Earlswood, Darenth, Royal-Albert, les filles s'occupent des travaux d'aiguille et de ménage, les garçons apprennent avec succès les métiers de vannier, menuisier. serrurier, cordonnier, tailleur, imprimeur, d'autres se dirigent vers la culture; un certain nombre parviennent à se placer au dehors comme musiciens, dessinateurs, et à gagner honorablement leur vie. Après douze ans d'expérience à l'école du Connecticut, le docteur Knight affirme que 26 °/₀ des élèves deviennent des membres comparativement utiles de la société; le docteur Howe, qui a dirigé vingt-sept ans l'institution du Massachusetts, écrit : « Plus des trois cinquièmes, sur 548 jeunes idiots inscrits comme élèves à notre école, se sont améliorés physiquement, moralement et intellectuellement. Ils ont acquis un plus haut degré de force et de vigueur, ils sont arrivés à commander à leurs muscles et à leurs membres, se nourrissent, s'habillent eux-mêmes, savent se comporter avec décence ; leur gloutonnerie et leurs mauvais instincts ont disparu... Ils ont monté dans l'échelle de l'humanité[1]. »

4° *Aliénés criminels.* — L'extension la plus importante donnée par les projets à la loi de 1838 est évidemment celle qui concerne les condamnés, reconnus aliénés et les aliénés dits criminels.

La loi de 1838 ne contient en effet aucune disposition spéciale à ces deux catégories d'aliénés. Il résulte de cette situation, qu'à l'heure actuelle, les criminels, devenus aliénés au cours de leur détention, sont envoyés dans les établissements d'aliénés ordinaires.

Tous les spécialistes sont d'accord pour reconnaître les inconvénients d'un pareil système. Ces condamnés devenus ensuite aliénés, sont et restent des criminels dans le sens juridique du mot : l'aliénation mentale, lorsqu'elle se déclare, n'est chez eux qu'un incident ou du moins un accident secondaire. Ces malades, pendant, comme avant et après leur maladie, sont marqués d'une sorte de tare morale, on conçoit dès lors que leur mélange aux pensionnaires habituels des asiles, soit de nature à éveiller chez ces derniers et surtout chez leurs parents des susceptibilités légitimes. Aussi y a-t-il lieu de placer cette catégorie de malades dans des établissements spéciaux qui constitueront une sorte d'annexe de la prison, mais où ils seront assurés de trouver avec la surveillance les soins que réclame leur état. Déjà, à l'exemple de l'Angleterre, une tentative de ce genre a été faite en France, à la maison centrale de Gaillon, les projets de réforme généralisent

-----

(1) Victor du Bled, *loc. cit.*

la création de ces asiles-prisons, où serait désormais admis tout individu condamné à plus d'un an de prison, et qui serait reconnu aliéné ou épileptique au cours de sa détention.

Pour l'admission dans les établissements spéciaux des condamnés devenus aliénés, elle ne soulèverait aucune difficulté, ils passent de la prison même dans l'asile-prison, une simple décision ministérielle suffit pour opérer le transfert. Il n'en est pas de même de leur maintien. L'art. 41 du projet de la commission sénatoriale, reproduit du reste par tous les autres projets, et qui édicte la création d'asiles spéciaux pour les criminels aliénés et les aliénés criminels dispose : « Pourront également y être conduits et retenus, en vertu d'une décision du Ministre de l'intérieur, sur la proposition du comité supérieur des aliénés, les condamnés reconnus aliénés, lorsqu'à l'expiration de leur peine, le Ministre de l'intérieur aura reconnu dangereux soit de les remettre en liberté, soit de les transférer dans l'asile de leur département. » Or, comme le dit avec raison M. de Moüy, maître des requêtes au Conseil d'Etat, « Est-il légitime de retenir dans une prison un individu dont la peine est achevée, qui a payé sa dette à la société et qui est, une fois cette dette payée, un aliéné comme les autres, jouissant des mêmes droits et des mêmes prérogatives pour l'usage de sa liberté. Les siens peuvent préférer l'arracher au milieu où il est plongé et désirer le soigner chez eux... Pourquoi faire juge de cette question le ministre? N'y a-t-il pas à craindre qu'on ne fasse passer un jour pour fou, afin de le retenir toujours, un individu condamné pour des faits touchant à la politique, par exemple, et de prolonger ainsi une peine prononcée par un juge clément et indulgent [1]. »

(1) *Le régime des aliénés devant le Parlement*, R. de Moüy, p. 114.

Il est vrai que l'art. 40 permet à cet aliéné de saisir le tribunal d'une demande de sortie, mais, au cas où elle serait accordée, cette sortie serait soumise à toutes les restrictions établies pour la sortie des aliénés criminels, c'est-à-dire qu'elle serait révocable, dans tous les cas, et pourrait même n'être que conditionnelle, la réintégration immédiate à l'asile serait effectuée dès qu'il se produirait des menaces de rechute, ou si les mesures de surveillance réglées par la Chambre du conseil, d'après les circonstances de chaque cas particulier, n'étaient pas remplies. — Or, ces mesures nécessaires pour la protection sociale, comme nous le verrons plus loin, lorsqu'il s'agit d'aliénés criminels, c'est-à-dire d'aliénés que leur folie pousse d'une façon irrésistible vers le crime, ne sauraient être prises à l'égard de condamnés qui ne sont devenus aliénés qu'au cours de leur peine. Ces derniers sont en effet des aliénés ordinaires, atteints par là même de tous les genres de folie, furieux ou démens, curables ou incurables suivant les cas. Si nous admettons leur transfert dans un asile spécial, c'est uniquement pour éviter le contact de ces individus tarés avec les autres malades, mais une fois leur peine subie, une fois leur dette payée à la société, nous ne voyons pas de quel droit on les retiendrait à l'asile, ou l'on soumettrait leur sortie à certaines conditions, si le médecin vient affirmer leur guérison.

Quant aux aliénés dits criminels, c'est-à-dire ceux qui ont commis un crime sous l'empire de la folie, le manque de disposition spéciale à leur égard constitue une lacune encore plus regrettable. L'art. 18 donne bien au préfet le droit d'interner d'office les personnes qui compromettent l'ordre public ou la sûreté des personnes, mais cette disposition n'a d'effet qu'au regard des aliénés qui se trouvent dans un état permanent de folie. Elle n'atteint pas ceux qui ayant commis leur crime sous l'influence d'un accès passager ne présentent plus aucun symptôme de folie lors de leur arrivée à l'asile, et par suite sont immédiatement rendus à la vie libre, prêts à recommencer d'autres crimes dès qu'un second accès aura de nouveau terrassé leur intelligence. — Enfin, il est encore toute une catégorie de délinquants irresponsables contre lesquels la société se trouve à l'heure actuelle entièrement désarmée par suite du manque de dispositions législatives à leur égard. Nous voulons parler de ces déséquilibrés à tendances perverses qu'on désigne assez communément sous le nom de « fous moraux. »

Lombroso et son école ont rapproché le fou moral du criminel-né. Quelle que soit la valeur de cette conception, au point de vue anthropologique, il n'en subsiste pas moins que le fou moral ressort manifestement à la psychologie morbide. Les antécédents héréditaires ou personnels, la déséquilibration non douteuse de ses facultés, quelquefois une débilité mentale évidente, des tares physiques assez communes, tout autorise à ranger cette individualité déchue dans le groupe des délinquants pathologiques. Fils ou descendants d'alcooliques, d'épileptiques ou d'aliénés, ayant eu assez souvent des convulsions dans leur enfance, les fous moraux se sont d'habitude fait remarquer, dès l'école ou le collège, par leur inaptitude à se plier à la discipline commune ; ils ont été mauvais élèves, insubordonnés, incapables d'études régulières. Menteurs, dissimulés et vicieux, ils ont souvent fait pendant l'adolescence un séjour plus ou moins prolongé dans les maisons d'éducation correctionnelle. Arrivés à l'âge adulte, ils deviennent des chevaliers d'industrie ; très aptes à délirer, ils sont souvent, au début

et au cours de leur carrière de délinquants, temporairement
internés dans un asile à l'occasion d'un accès de « delirium
tremens, » de folie alcoolique subaiguë ou d'excitation
maniaque survenue à la suite d'excès. Le jour où le médecin légiste a affaire à eux, il se trouve d'ordinaire en face
d'un inculpé qui n'en est pas à son coup d'essai, dont la
vie a été une suite d'aventures, d'incorrections, de vols,
parfois même de crimes contre les personnes.

Les délits commis par les gens dont il s'agit, ne l'ont été
ni sous l'influence de conceptions délirantes, ni sous celle
d'hallucinations ou d'impulsions morbides. A moins que la
faiblesse d'esprit ne soit très accusée, l'expert ne peut se
prononcer en faveur de l'irresponsabilité absolue. Mais
comme il se trouve en présence d'individus qui relèvent à
certains égards de la pathologie par leur hérédité, leurs
stigmates physiques, leur déséquilibration intellectuelle,
leurs tares morbides de divers ordres, il ne peut pas ne
pas faire ressortir la signification des troubles qu'il cons-
tate. En pratique, cela aboutit d'ordinaire à l'acquittement
ou à une condamnation avec atténuation de la peine : on
jette en prison ces délinquants pour un temps plus ou moins
long, et, leur peine terminée, ils reprennent la série de
leurs aventures et constituent à nouveau un péril social.

En réalité, la place du « fou moral » n'est ni à la prison
ni à l'asile. Elle n'est pas à l'asile qui est, ou devrait être,
un lieu de traitement pour les maladies susceptibles d'en
recevoir ; elle n'est pas à la prison, car les délinquants que
nous visons ne peuvent être confondus avec les criminels
vulgaires, marqués qu'ils sont du sceau pathologique. En
les condamnant à des peines afflictives et infâmantes, on
leur imprime une tache dont ils devraient être exonérés,
sans protéger cependant la société d'une façon suffisante,

puisqu'à l'expiration de leur peine, ils reprennent dans son sein une place qu'ils sont incapables de tenir. A notre avis, c'est surtout pour cette catégorie de délinquants irresponsables qu'il conviendrait d'ouvrir des maisons spéciales intermédiaires à la prison et à l'asile. Ce serait des lieux de détention où la discipline ne pourrait pas être rigoureuse, mais différerait cependant de celle des maisons de réclusion : le travail y serait obligatoire, afin de dédommager, dans une certaine mesure, la société des sacrifices qu'elle serait obligée de s'imposer. La séquestration serait ordonnée par la magistrature, sur l'avis d'une commission médicale. En principe, elle serait définitive; mais on pourrait tenter des sorties, à titre d'essai, pour ceux de ces déséquilibrés dont les actes n'auraient pas présenté un caractère de gravité exceptionnelle, et dont la conduite aurait été satisfaisante.

L'opinion que nous soutenons est, d'ailleurs, celle de beaucoup de criminalistes. Elle a été notamment défendue par M. Garofalo qui s'exprime ainsi : « Sans faire violence à la science, on peut rassurer la société en considérant les monomanes criminels comme des délinquants d'une espèce à part et en indiquant le mode d'élimination qu'il faut employer à leur égard, c'est-à-dire une réclusion indéfinie dans une maison moitié prison, moitié hôpital, en confiant au pouvoir judiciaire le jugement, la condamnation et le soin de la délibération, lorsque tout danger aurait cessé. Ce qui est absurde, à coup sûr, c'est de considérer la demifolie comme une circonstance atténuante, de sorte que la peine établie par la loi soit infligée, mais que la durée en soit réduite de beaucoup [1].

(1) Garofalo, *La criminologie,* p. 314.

Le projet voté par le Sénat donne satisfaction aux vœux que nous venons de formuler, et les dispositions qu'il consacre aux aliénés criminels, dispositions qui, du reste, se trouvent reproduites dans tous les projets subséquents, nous paraissent résoudre, de la façon la plus pratique, cette question délicate, et constituer pour la société une protection efficace contre les actes criminels commis par des individus que leur état mental soustrait à toute répression pénale, tout en accordant, d'autre part, à la liberté individuelle les garanties auxquelles elle a droit.

En effet, aux termes de l'art. 39 du projet de la commission du Sénat : « Est mis à la disposition de l'autorité administrative, pour être placé dans un établissement d'aliénés, dans le cas où son état mental compromettrait la sécurité, la décence ou la tranquillité publique ou sa propre sûreté, et, après de nouvelles vérifications, si elles sont jugées nécessaires :

1° Tout inculpé qui, par suite de son état mental, a été considéré comme irresponsable et a été l'objet d'une ordonnance ou d'un arrêt de non-lieu ;

2° Tout prévenu poursuivi en police correctionnelle qui a été acquitté comme irresponsable à raison de son état mental ;

3° Tout accusé ou prévenu poursuivi en Cour d'assises qui a été l'objet d'un verdict de non-culpabilité, si la défense a soutenu qu'il était irresponsable à raison de son état mental, ou si le ministère public a abandonné l'accusation pour la même cause.

Il est statué : dans le cas d'ordonnance de non-lieu ou d'acquittement en police correctionnelle, par le tribunal en Chambre du conseil ;

Dans le cas d'arrêt de non-lieu, par la chambre des mises en accusation ;

Dans le cas de verdict de non-culpabilité, par la cour d'assises en chambre du conseil; ou, s'il y a lieu à de nouvelles vérifications, la cour d'assises peut renvoyer l'individu acquitté devant le tribunal en Chambre du conseil. »

Il convient de remarquer que, par suite des dispositions de cet article, lorsqu'il s'agit d'un individu acquitté en cour d'assises, ce n'est pas le jury qui se prononce sur l'état de démence, mais la Cour d'assises en Chambre du conseil ou le tribunal également en Chambre du conseil.

Dans le dernier état des projets, c'est même le tribunal qui, dans tous les cas, statue sur la question de démence; l'arrêt de la Cour d'assises se borne à prononcer le renvoi devant le tribunal de l'individu acquitté.

La question de démence est posée au jury *en Bavière, en Autriche, en Russie. En Italie*, « le jury se prononce, non seulement sur l'état de démence, mais sur l'intensité de la démence, car le nouveau code italien admet qu'il peut y avoir des demi-responsabilités comme il y a des demi-intelligences[1] . »

En Angleterre, la question de démence est également posée, mais il convient de remarquer « que chaque pays a besoin de lois adaptées à son tempérament, et qu'en outre, spécialement en Angleterre, où les jurés ont une compétence spéciale, ils sont choisis avec le plus grand soin; ils sont peu nombreux, siègent par suite fort souvent et exercent, pour ainsi dire, une fonction[2]. »

En France, on a pensé, avec raison, qu'il y aurait quelque écueil à soumettre à notre jury une question de cette nature. Comme l'a dit un haut magistrat : « Le jury ne saurait être appelé à statuer sur une responsabilité

(1) Rapport de M. le sénateur Roussel.
(2) *Ibid.*

spéciale en raison d'une aliénation mentale alléguée. Si l'on entrait dans cette voie, dans combien d'affaires n'insisterait-on pas, au nom de l'accusé, pour que la question fût posée? Or, l'expérience des débats criminels nous permet d'affirmer que si, dans les rapports de la vie privée, la moindre allusion à l'altération ou à l'affaiblissement de la raison est considérée comme offensante, toutes les déclarations produites, dans ce sens, devant la Cour d'assises, sur le compte d'un accusé, sont accueillies avec une extrême gratitude, tant par celui-ci que par sa famille, le désir devant lequel tout s'efface alors étant celui de l'acquittement. Dans l'état de nos mœurs judiciaires, l'innovation qui conférerait au jury le soin de résoudre d'une manière expresse la question mentale, serait préjudiciable à la vérité et à la justice[1]. »

Quant à la sortie des aliénés criminels, voici à quelles conditions elle est soumise dans le projet de la commission du Sénat :

« Lorsque la sortie d'un des aliénés internés en vertu des articles 38 et 39 est demandée, le médecin traitant doit déclarer si l'interné est ou non guéri et, en cas de guérison, s'il est ou non légitimement suspect de rechute.

La demande et la déclaration susdites accompagnées de l'avis motivé de la commission permanente, sont déférées de droit au tribunal, qui statue en Chambre du conseil...

Si la sortie n'est pas accordée, la Chambre du conseil peut décider qu'il ne sera procédé à un nouvel examen qu'à l'expiration d'un sursis, qui ne peut se prolonger au delà d'une année.

La sortie accordée est révocable et peut n'être que con-

---

(1) M. Lacointa, ancien avocat général à la Cour de cassation : rapport de M. le sénateur Roussel.

ditionnelle. Elle est alors soumise à des mesures de surveillance réglées par la Chambre du conseil d'après les circonstances de chaque cas particulier. Si ces conditions ne sont pas remplies ou s'il se produit des menaces de rechute, la réintégration à l'asile est immédiate[1]. »

Cet article nous semble inspiré par les plus sains principes. La séquestration des aliénés criminels ne saurait être en effet, dans tous les cas, définitive. Si le légitime souci de la protection sociale commande d'interner les aliénés dangereux, l'humanité exige que ces aliénés soient rendus à la liberté le jour où, par suite d'une amélioration ou d'une modification de leur état mental, ils ne sont plus à redouter. — En chargeant le médecin, seul compétent sur ce point, de se prononcer sur l'état et le degré de nocuité de l'aliéné, et le magistrat d'ordonner les mesures que la folie dangereuse comporte, le législateur français accorde à la liberté individuelle toutes les garanties désirables en cette matière.

Les législations étrangères qui contiennent des dispositions spéciales aux aliénés criminels consacrent d'ailleurs à cet égard les mesures prises par les projets français.

C'est ainsi qu'en Angleterre, un « acte » décide que : « Lorsqu'une personne accusée de meurtre ou autre crime est acquittée pour cause de folie, la Cour devant laquelle le verdict est rendu doit ordonner que cette personne soit tenue en stricte garde jusqu'à ce que le bon plaisir de Sa Majesté soit connu, et qu'il est, par conséquent, du droit de Sa Majesté de donner tel ordre pour la garde de cette personne, tant que dure son bon plaisir, en tel lieu et de telle manière qu'il lui paraîtra convenable. »

---

(1) Art. 40 du projet de la commission du Sénat.

Nous trouvons également, dans la législation italienne, un article ainsi conçu : « S'il s'agit d'inculpés de délits graves, spécialement dans le cas de récidive, lorsqu'il est intervenu en faveur de ces inculpés, en raison d'un vice d'organisation mentale, soit un acquittement, soit une ordonnance de non-lieu, le tribunal ou la Cour pourra ordonner qu'ils soient internés dans l'asile criminel, alors que les conclusions du rapport de deux médecins aliénistes au moins, auront établi qu'ils présentent un véritable danger par la sécurité publique, en raison de leur infirmité mentale congénitale ou acquise et permanente... » Les aliénés criminels « seront retenus (à l'asile) jusqu'à ce que le tribunal ou la Cour, sur la proposition du directeur, l'avis du médecin traitant de l'établissement, et, s'il y a lieu, l'avis d'autres médecins aliénistes, aura reconnu qu'ils peuvent être, sans danger, rendus à la liberté [1]. »

Aux Etats-Unis, la législation du canton de New-York, relative aux aliénés criminels, mérite également d'être citée. Il y a un asile spécial pour les aliénés criminels ; le jury rend un verdict spécial accompagné des motifs de l'acquittement ; la loi règle d'ailleurs les cas dans lesquels le prévenu peut plaider la folie. Seule, la Cour suprême du district peut ordonner l'élargissement des aliénés criminels. — Dans le Massachusetts, l'acte du 22 avril 1873 décide que tout assassin ou homicide acquitté pour folie, devra être enfermé pour la vie dans un établissement d'aliénés de l'Etat ; il ne pourra être mis en liberté qu'avec l'autorisation du gouverneur, sur avis du conseil et après enquête [2].

(1) *Annales médico-psychologiques*, année 1895.
(2) *Annuaire de législation étrangère*, années 1874 et 1876.

CONCLUSION

Nous avons ainsi examiné en détail les différentes mesures consacrées par la loi du 30 juin 1838, à la sauvegarde de la liberté individuelle; nous connaissons les critiques dont elles nous paraissent susceptibles et les réformes qui, selon nous, pourraient y être apportées.

Nous avons constaté :

L'insuffisance des garanties édictées par la loi dans le placement et la sortie des aliénés.

Le manque absolu de surveillance des aliénés pendant leur séjour à l'asile, et c'est là, à notre avis, le défaut capital de la loi de 1838.

Enfin, l'existence de lacunes regrettables, concernant les aliénés traités à domicile, les aliénés internés à l'étranger, ou inversement, les étrangers séquestrés en France, les crétins, idiots ou épileptiques, et les aliénés dits criminels.

Pour répondre à ces critiques, nous proposons comme réformes :

L'intervention de la magistrature dans le placement des aliénés.

La réorganisation, en vue du contrôle des établissements d'aliénés, d'un service spécial d'inspecteurs généraux, ainsi que la création d'un comité supérieur des aliénés et d'une commission permanente départementale.

L'institution de mesures spéciales pour la protection des

aliénés traités à domicile et des aliénés traités à l'étranger, ainsi que la création d'asiles spéciaux pour les crétins, idiots ou épileptiques et pour les aliénés criminels.

La loi de 1838 n'a donc plus maintenant que la valeur d'une ébauche. Il faut achever l'œuvre, approfondir ce qui n'a été qu'entrevu et compléter ce qui n'a été que tracé. Il serait injuste, toutefois, de ne pas rendre au législateur de 1838 un légitime hommage. C'est à lui que revient le mérite de la création ; son œuvre contient, à l'état d'indications, tout ce que doit prescrire une loi sur les aliénés ; les réformes que nous proposons n'en seraient que le perfectionnement.

Comme le dit M. de Moüy, maître des requêtes au conseil d'Etat, « le législateur de 1838 n'a rien trouvé dans la législation passée qui pût être conservé, il a dû tout créer. Ce qu'il a constitué et organisé dure depuis plus de cinquante ans, et, malgré les changements et les modifications proposés, est destiné à se perpétuer en grande partie dans la réforme entreprise. N'est-ce pas la meilleure preuve qu'il est sorti de sa pensée une conception juste et une œuvre digne d'inspirer la reconnaissance et le respect[1] ? »

Vu :

Le Professeur chargé de l'examen
de la thèse,
J. GRANDMOULIN.

Vu :

Le Doyen,
G. DE CAQUERAY.

Vu et permis d'imprimer :

Le Recteur,
J. JARRY.

---

[1] R. de Moüy, maître des requêtes au conseil d'Etat. *Le régime des aliénés devant le Parlement.*

TABLE DES MATIÈRES

Typ. Oberthür, Rennes (478-98).

www.ingramcontent.com/pod-product-compliance
Ingram Content Group UK Ltd.
Pitfield, Milton Keynes, MK11 3LW, UK
UKHW021231140726
13695UKWH00002B/878